KB200411

페이지 처치

구겨진 종이에도 최고의 이야기를 쓰시는 하나님

page_church

페이지 처치

구겨진 종이에도
최고의 이야기를 쓰시는 하나님

Page Church

신재웅 **지음**

규장

모든 순간 하나님과 함께할 때
나의 삶도 가장 좋은 하나님나라 이야기가 된다

좋은 게 좋은 거라는 말이 진리처럼 쓰인다. '좋은 게'는 상
대적이고 '좋은 거'는 절대적이다. '좋음'이라는 절대적 기준
이 없기 때문에 나에게 좋고, 남들보다 좋고, 남들이 좋다
고 하는 것을 좋다고 한다. 상대적 기준이 절대적 기준을
대신하고 있는 것이다. 그래서 나쁜 건 좋은 게 아니다. 조
촐하고 낮고 적은 것이 아니라 더 화려하고 더 높고 더 많
은 것만 좋은 것이 되었다.

하지만 우리는 그 '나쁜 것'이 더 많은 삶을 산다. 내 기
대보다 작고, 내 생각보다 낮고, 내 노력보다 적은 일들이
훨씬 많다. 그럼에도 익숙해지지 않는다. 이해되지도 않는
다. 내 지혜로는 바꿀 수 없고 내 힘으로는 이길 수 없다.
끊임없는 파도처럼 인생의 모순과 어려움이 찾아온다.

그때 기억해야 할 사실이 있다. 삶은 책이다. 그 책의 저자는 하나님이다. 하나님은 우리가 태어나면서 그 첫 페이지를 펴시고 이야기를 쓰신다. 아름답고 풍성한 이야기다. 힘들고 어려울 때도 있지만 모두 하나님나라의 이야기다.

하나님이 쓰시는 하나님나라 이야기책

하나님나라에서는 '좋음'의 절대적 기준이 있다. 하나님과 함께하는 것이다. 어떤 삶을 살고 있든, 어떤 상황에 있든, 좋은 것을 가졌든, 나쁜 것을 가졌든 언제나 하나님과 함께하는 것이 가장 좋은 것이다. 그래서 우리 눈으로 보기에 좋지 않은 것들 속에서도 우리는 언제나 좋은 것을 취할 수 있다. 하나님과 함께하는 것이다. 하나님이 쓰시는 이야기, 하나님의 인도하심을 따라 살아가는 것이다. 그래서 하나님이 쓰시는 이야기는 나쁜 것도 좋은 것이다.

　하나님이 삶의 주인임을 잊은 채 내가 펜을 들려고 할 때 문제가 생긴다. 인생의 주인을 '나'라고 여기고, 살고 싶은 대로 살려고 한다. 좋은 게 좋은 이야기로 바꿔보려고 한다. 하지만 우리는 아무것도 모르고 아무것도 할 수 없다. 삶의 저자가 아니기 때문이다. 저자는 1페이지를 쓰면서 100페이지의 이야기를 알고 있다. 책의 모든 이야기를 알고 있다. 하지만 우리는 한 치 앞도 모른다. 삶의 주인이 될 수 없다. 그래서 우리가 펜을 잡은 삶은 늘 죄와 악과 연약함의 이야기다.

더 늦기 전에 삶의 저자를 바꿔야 한다. 쥐고 있던 펜을 하나님께 드려야 한다. 페이지 처치(Page Church)는 삶의 저자를 바꾸는 책이다. 삶의 모든 페이지를 하나님께 맡겨 드리고 삶의 모든 순간을 하나님과 함께하는 가장 좋은 이야기로 바꾸기 위해 쓰인 책이다. 물론 이 책의 저자도 하나님이다.

최고의 이야기를 함께 쓰기 원하시는 하나님

페이지 처치(Page Church)의 처음은 인스타그램이었다. 2019년 여름, '웹페이지에서 묵상의 글을 통해 각자의 자리에서 예배를 드리게 하자'라는 생각으로 하루에 하나씩 하나님나라의 이야기를 올렸다. 그래서 페이지 처치라는 이름에는 웹페이지에 세워진 교회라는 뜻과 하나님이 쓰시는 삶의 이야기라는 뜻이 담겨 있다.

그동안 나는 구겨진 삶을 살았다. 현실의 어려움, 보폭 큰 내면의 방황, 여전한 사춘기로 힘겨운 20대와 30대를 보냈다. 평안함이 구겨져 불안함이 되었고, 온유함이 구겨져 냉철함이 되었고, 평화가 구겨져 화가 되었다. 하지만 하나님은 구겨진 종이 같은 삶에서 늘 최고의 이야기를 쓰셨다. 한없는 사랑으로 함께하셨고, 하나님께 엎드려 모든 것을 맡길 때마다 예비하신 선한 길로 인도하셨다. 담겨 있는 이야기가 최고라면 구겨진 종이여도 그 책은 가치 있는 책이다.

하나님은 쓰시는 분이다. 산에서 흔히 볼 수 있는 돌판에 거룩한 십계명을 쓰셨고, 꾸깃한 파피루스에 율법을 쓰게 하셨고, 예언을 쓰게 하셨고, 말씀을 쓰게 하셨다. 하나님은 우리의 구겨진 삶에도 최고의 이야기를 쓰시는 분이다. 노예로 팔려 간 요셉의 구겨짐에서 최고의 이야기가 나왔다. 광야로 들어간 이스라엘을 통해 최고의 이야기를 쓰셨다. 실패로 구겨진 베드로의 삶에서 최고의 제자의 이야기가 쓰였다.

다윗은 늘 구겨졌지만 그 삶에서 하나님은 최고의 이야기를 쓰셨다.

하나님은 우리의 이야기를 바꾸길 원하신다.
하나님과 함께하는 가장 좋은 이야기가 쓰이길 원하신다.
이제 우리가 쥐고 있던 펜이라는 주권을 드려야 할 때다.
힘들고 어려운 삶이었다면,
방황과 아픔이 가득한 삶이었다면
이제 하나님이 쓰실 차례다.

쓰신 삶은 쓰임 받는 삶이 될 것이다.

신재웅

차례

프롤로그

3

무엇을 위해 기도할지 모를 때 무엇을 위해 기도해야 할까?

이렇게 기도를 끝내도 되는 걸까?

1 달라도
너무 다른 하나님

백 가지로 기도해도 한 가지로 답하신다

하나님의
은혜로운 질척거림

하늘을 높이 날고 싶었던 방패연.
더 높이 날고 싶어서 몸을 쭉 펴면
땅의 실이 팽하고 잡아당긴다.

'실만 없으면 더 높이 오를 텐데.'
'실만 없으면 별에게도 가볼 텐데.'
'실만 없으면 구름에게도 가볼 텐데.'

연은 실이 미웠다.
어느 날 방패연은 결심했다.

'실을 끊겠어.'

끊어버리자마자 바람이 불어와
한 번도 오르지 못한 곳으로 날아올랐다.
그리고 소리쳤다.

"자유다!"

갑자기 바람의 방향이 바뀌더니
방패연이 이리저리 휘둘렸다.
그리고 땅으로 추락하기 시작한다.

그제야 알게 됐다.
실 때문에 강한 바람을 이겼고,
실 때문에 하늘을 날았다는 것을.

이 말씀만 안 지키면 더 자유할 것 같아서,
이 예배만 안 드리면 시간이 더 생길 것 같아서,
순종하는 건 구속받는 것 같아서,
사랑하고 용서하는 것에 묶이기 싫어서.
죄와 불순종과 의심의 칼로
하나님과 연결된 실을 끊을 때가 있다.

하나님 말씀 안에 갇히는 것,
하나님 은혜 안에 머무는 것,
하나님 사랑 안에 구속되는 것이

가장 자유하다.

하나님께 붙들려 있을 때,
삶의 강한 바람을 버티고,
더 높이 날아오를 수 있다.

가만히 안 놔주셔서
가만히 안 둬주셔서
진득하게 기다려주셔서
찐득하게 질척여주셔서

얼마나 큰 은혜인지 모른다.

하나님께 매임이
그 어떤 놓임보다 자유하다.

쫓아오시는
하나님

내가 너와 함께 있어
네가 어디로 가든지 너를 지키며 창 28:15

하나님은 우리가
어디로 가든지 떠나지 않으신다.

하늘로 올라가면 거기에 계시고
지하에 숨어도 거기에 주님이 계십니다.
새벽 날개를 타고 머나먼 서쪽 수평선으로
날아갈지라도 주께서 금세
나를 찾아내시니 주님은 거기서도
기다리고 계십니다. 시 139:7-10, 메시지 성경

하늘의 끝에 가더라도
바다의 끝에 가더라도
거기 계신다.

가장 아픈 고통의 끝에 있어도
가장 어두운 슬픔의 끝에 있어도
하나님이 나를 떠나셨다고
생각하게 만드는 상황에
거할지라도 거기 계신다.

큰 바람을 바다 위에 내리시매 욘 1:4

죄 지은 요나를 폭풍을 통해 쫓아오셨고,

큰 물고기를 예비하사
요나를 삼키게 하셨으므로 욘 1:17

회개할 요나를 위해
큰 물고기를 통해 쫓아오셨다.

고난 중에 있든, 죄 중에 있든
하나님은 언제나 우리를 쫓아오신다.

고난으로 넘어질 때
은혜 주시기 위해서.
죄에서 돌이켜 회개할 때
안아주시기 위해서.

그들이 곧 그물을 버려두고
예수를 따르니라 마 4:20

이제 우리가 쫓아가자.

예수님이 다시 오신다면
가장 먼저 어디에 가실까?

예수님이 인간의 몸으로 다시 오셔서
시간과 공간의 제약이 생긴다면,

가장 먼저 어디를 가실까?
가장 먼저 누구를 만나실까?

사고 때문에 곧 죽게 될 위기에 빠진
어린 아기를 구하러 가실까?

세상에서 가장 큰 교회의 주일 예배
강단 한가운데 좌정하셔서
찬양과 영광을 받으실까?

요한복음은 예수님이 누구인지
가장 집중한 성경인데
예수님을 다섯 번이나 빛이라고 말한다.

빛이 가장 필요한 곳은
어둠이 있는 곳이다.
왜 어두울까?
빛과 멀어졌기 때문이다.

빛이신 예수님은
하나님과 가장 멀리 떨어져
어둡게 살고 있는 사람들에게
가장 먼저 가실 것이다.

미움이 가득한 곳,
죄가 가득한 곳,
상처가 가득한 곳,
악이 가득한 곳,
하나님을 알지 못하고 외면하는 곳,

한 줌의 빛도 없는 곳에 가셔서
그들을 안아주시고
어두운 죄와 악과 미움과 상처를
사랑을 통해 바꿔주실 것이다.

예수님은 공생애를 시작하시면서

포로 된 자에게 자유를,
눈먼 자에게 다시 보게 함을,
눌린 자에게 자유를 주시겠다고
선포하시고, 더러운 귀신 들린 자,
온갖 병든 자, 심지어 예수님을
밀쳐 죽이려 하는 자들을 만나셨다.

우리의 모든 삶의 발걸음은
예수님의 첫 발걸음과 같아야 한다.

예수님의 이 발걸음은
골고다 십자가의 길까지
연장되었고, 그 십자가의 길은
하나님나라까지 연결되었기 때문이다.

예수님과 같은 걸음은
우리의 삶을
하나님나라에 연결되게 한다.

별은 햇빛을 반사한다.
우리도 하나님이 주신
말씀과 사랑과 은혜를 반사해서
어두운 곳을 밝혀야 한다.

많은 사람을 옳은 데로 돌아오게 한 자는
별과 같이 영원토록 빛나리라 단 12:3

04 page_church

평일이 더 바쁜
하나님

사마리아 여인은 물 긷는
집안일을 하다가 예수님을 만났고,
어부 베드로는 물고기 잡는
일터에서 예수님을 만났다.

모세는 양을 치는
삶의 현장에서 하나님을 만났고,
다니엘은 바벨론 학문을
공부하면서 하나님을 만났다.

하나님은 평일이 더 바쁘다.
한 명 한 명 각자의 삶으로 가셔서
돌보시고 만지신다.

베드로, 모세, 사마리아 여인,
다니엘, 다윗, 아브라함 등
성경 속 믿음의 영웅들은 대부분
제사장이 아니었다. 평신도였다.

그들은 평범한 일상에서
하나님을 경험했고,
성경에 기록될 만큼 자신들만의 삶으로
하나님의 계획을 이루었다.

하나님은 언제나 평범한 사람과
평범한 일상으로 역사를 바꾸셨다.

우리의 일터에서 일하신다.
우리의 일상으로 일하신다.

양손잡이
하나님

하나님의 명령을 어긴 요나,
니느웨가 아닌 다시스 행 배에 탔다.
그 뒤를 폭풍이 맹렬하게 쫓고 있다.

그런데 무언가
그 폭풍을 빠르게 뒤쫓고 있다.
바다에 빠질 요나를 위해
하나님이 보내신 큰 물고기였다.

하나님의 명령을 따라
아들 이삭을 바치기 위해
모리아 산에 오르고 있는 아브라함.

무언가 아무도 모르게
그들과 함께 산에 오르고 있다.
이삭을 대신해 제물이 될 숫양이었다.

하나님은 양손잡이다.

늘 두 가지를 동시에 던지신다.

한 손으로 연단을 던지시지만
다른 손으로 그것을 이길 은혜를 주신다.

바다에 빠지지 않으면
산에 오르지 않으면
양손의 은혜를 경험할 수 없다.

하나님의 은혜가
우리의 연단을 뒤쫓고 있다.

실수를 모으시는
하나님

셀프주유소에서 주유를 했다.
3만 원을 눌러야 하는데 5만 원을 눌렀다.

운전하는 내내 3만 원 할걸….
돈 아까워, 너무 아까워….
계속 후회했다.

그런데 다음날부터 기름값이 올랐다.
5만 원 넣길 정말 잘했다.

청소년 여름 수련회 저녁예배 때,
아무 이유 없이 마이크가 안 나왔다.
강사님이 얼마나 기도로 준비하셨으면
이런 방해가 있을까 하며 감사기도를 드렸다.

간신히 마이크는 나오는데
이제는 노트북이 안 됐다.
아이들이 좋아하는 어벤저스 영상을 못 봤다.

하지만 영상을 못 본다는 아쉬움이
집중력으로 바뀌었고 말씀을 더 잘 들었다.

사역, 직장, 공부, 대화,
관계, 자녀 양육에서
'그때 너무 실수했지', '그땐 너무 몰랐지',
'그렇게 하면 안 됐어'라고
후회될 때가 있다.

하지만 하나님은 실수로도 역사하신다.

마귀의 생각이 들어간 가룟 유다는
예수님을 팔았다.
하지만 하나님의 권능 아래에서는
악도 하나님 목적의 성취에 기여할 뿐이다.
예수님은 십자가에서 구원을 이루셨다.

그 권능 아래 겸손하게 무릎 끓고
하나님께 충실하고, 현재에 성실할 때
어떤 방해든, 어떤 실수든
은혜 안에서는 버릴 것이 없다.

실수를 모으셔서
뜻을 이루실 것이다.

그분은
실수를 모르시기 때문이다.

백 가지로 기도해도
한 가지로 답하신다

백 가지를 기도하고, 천 가지를 기도해도
하나님은 한 가지로 답하신다.

백 명이 기도하고, 천 명이 기도해도
하나님의 답은 딱 하나밖에 없다.

능력을 구하고 기회를 구하고,
기쁨을 구하고 사람을 구하고,
수많은 기도 제목을 드려도
하나님의 답은 단 하나다.

바로 '하나님' 자체다.

그래서 어떤 기도를 하든
"나의 임재가 필요하구나"라고 말씀하신다.

수많은 문제는 수많은 답이 아니라
하나님 한 분으로 풀리기 때문이다.

임재하셔서 인도하시고 일하시기 때문이다.

하나님은 모든 필요를 채우시는 것이 아니라
하나님 한 분으로 배부르게 하신다.
모든 필요가 다 채워지지 않아도
하나님 한 분으로 만족하게 하신다.

아무리 기도하고 아무리 믿음생활을 해도
똑같은 문제가 반복되는 이유는
하나님으로 채워지지 않았기 때문이다.

하나님으로 가득해지기 전까지
삶의 갈급함과 허기짐은 사라지지 않는다.

그래서 답을 구하는 기도가 아니라
하나님을 구하는 기도를 해야 한다.

가장 온전한 기도는
하나님을 구하는 기도다.
그 기도가 우리를 완전하게 한다.

작은 것들을 위한
신

기드온의 32,000명과
미디안의 135,000명의
전투를 앞두고 하나님은
기드온의 군사를 두 번이나 줄이신다.

"두려워하는 자들은 돌아가라!"

10,000명이 남고, 22,000명이 돌아갔다.

"물을 마시게 하라."

허겁지겁 강에 머리를 박고 마신 9,700명과
적이 오는지 살필 수 있도록
손으로 물을 떠서 마신 300명으로 나뉘었다.

누구를 선택하셨을까?

두려움이라는 기준에서는
강에 머리를 박고 먹은 9,700명은 담대했고,
손으로 먹은 300명은 두려워했다.
하지만 하나님은 300명을 선택하셨다.

처음부터 두려움은 기준이 아니었다.
어느 쪽이 더 작은 쪽인가였다.

22,000명과 10,000명 중에 10,000명을,
9,700명과 300명 중 300명을,
더 작은 쪽을 선택하셨다.

한 명이 다섯 명을 상대해야 하는 전투에서
450명을 상대해야 하는 전투가 되었고,
300명은 135,000명을 이기게 된다.

하나님은 군사가 너무 많으면 자기 힘으로
이긴 줄 알고 하나님을 잊어버릴까 봐
군사를 계속 줄이셨다고 했다.

사람의 힘이 작아질수록
하나님의 힘은 크게 드러났다.

작은 떡 다섯 개, 물고기 두 마리로
수천 명을 먹이셨다.
모세는 이집트 왕자가 아니라
광야의 도망자일 때 하나님을 만났다.
왕의 기름 부음을 받은
다윗은 아주 작은 소년이었다.

하나님은 작은 것을 크게 쓰시는 분이다.

하나님 앞에서 작아져야 한다.
나의 힘과 나의 생각이 작아져야 한다.

나의 죄성과 나의 욕심이 작아져야 한다.
하나님 앞에서 스스로 큰 사람은
하나님의 크심을 경험할 수 없다.

하나님은 크고 대단한 것을
요구하는 분이 아니다.
하나님 앞에서 작아진 우리를 원하신다.

죽은 뼈들을 큰 군대로,
평범한 농부 기드온을 큰 용사로,
별 필요 없던 물을 더 좋은 포도주로,
제자로서 실패한 베드로를
교회의 가장 큰 지도자로 만드신 하나님은,

죄로 죽을 수밖에 없는
작고 작은 우리를 위해 죽으신
크고 위대하신 하나님은
작은 것들을 위한 신이다.

우리의 작음은
하나님의 큰 은혜가
심어지기에 가장 좋은 밭이다.

해야 할 일이
잘 해낸 일이 되려면

해야 할 일이 많기도 하다.
학생으로, 직장인으로,
부모로, 자녀로, 친구로
수많은 역할을 해내야 하고,

그 와중에 관계 유지를 해야 하고,
성과를 내야 하고,
취미생활도 해야 하고,
그 와중에 교회 일도 해야 하고,
쉬기도 해야 한다.

그런데 많은 일보다 더 힘들게 하는 건
제대로 하지 못한 것들에 대한
후회와 자책이다.

어떻게 해야 할 일들을
잘 해낸 일들로 바꿀 수 있을까?

나무는 땅속의 수많은 것 중에
오직 물만 빨아들인다.
하늘의 수많은 것 중에
오직 빛에만 집중한다.
대기의 수많은 기체 중에
이산화탄소 하나면 된다.

그럼에도
꽃을 피우고 열매를 맺고
숲을 만들고 산소를 만들고
생태계를 유지한다.

자신의 모든 것을 증명해 내고,
자신의 모든 것을 다 하기 위해
나무에게 필요했던 것은
모든 것이 아니었다.

나무에게 믿음을 배워야 한다.
모든 것을 하기 위해 필요한 건
모든 것이 아니다.

모든 것을 알고, 모든 것을 하고,
모든 것을 가진 하나님 한 분만
내 안에 있다면, 아무것도 없는 자 같으나
모든 것을 가진 자가 될 수 있다.

떨어진 꽃은 열매를 만들고
떨어진 열매는 나무를 만든다.
베어진 나무는 종이를 만들고
잘린 종이는 책을 만든다.

떨어진 기쁨, 베어진 소망,
잘린 능력으로도
하나님은 모든 것을 하실 수 있다.

복 있는 사람은
시냇가에 심은 '나무'와 같다.

'오직' 여호와와
그의 말씀을 바랄 때
'모든' 일이 형통할 것이다.

모든 것을 하기 위해 필요한 건
모든 것이 아니다.

모든 것 되신 하나님 한 분이다.

충만함은
하나님 한 분으로 충분하다.

세상에 몇 대 없는 바이올린,
'스트라디바리우스'
그 희소성이 가치를 높인다.
희소, 희귀, 희한한 것은 더 비싸다.

하지만 하나님은
우리를 정말 사랑하셔서
가장 중요한 것을 가장 흔하게 만드셨다.

공기, 빛, 물, 시간.
없으면 살 수 없는 것들이다.

그런데 더 흔한 존재가 있다.
하나님이다.

하늘 끝에 가도, 바다 끝에 가도,
고통 끝에 가도, 생명이 끝나도
하나님은 거기 계신다.

우리에게 하나님이 가장 중요하기 때문이다.
우리는 하나님 없으면 살 수 없기 때문이다.

광야의 이스라엘은 희소한 물과 음식이
흔한 하나님보다 더 중요했다.
그리고 약속한 땅에 들어가지 못했다.

나에게 희소한 것을
흔한 하나님보다 중요하게 여기면
그분의 사랑과 능력과 은혜를 경험할 수 없다.

흔함은 희한함보다 중요하다.

하나님은 우리를 가장 사랑하셔서
우리에게 가장 필요한 것을
가장 많이 주셨다.

그래서 하나님은

　　　　가장 흔해지기로 하셨다.

역설적인
하나님

하나님은 역설이 아니면
설명이 안 된다.

십자가에서 영광이 가려진 것 같지만
가장 큰 영광의 순간이었고,
떠나시는 것 같지만
가장 함께하시는 순간이었고,
무능해 보이는 순간이
세상을 재창조하는
가장 큰 전능의 순간이었다.

하나님이면서 사람이셨고
제물이면서 제사장이셨고
가장 천해지셨지만 가장 성스러우셨고
가장 낮아지셨지만 가장 높아지셨다.
신의 속성을 다 버린 것 같지만
가장 신성하고 거룩하셨다.

하나님의 자녀들은
역설이 아니면 설명이 안 된다.

하나님께 겸손할수록 세상에 담대하고,
하나님께 매일수록 진정한 자유를 얻고,
내가 희미할수록 그리스도인으로 선명하다.

고난이 축복이 되고,
애통함 속에서 위로의 복을 얻고,
믿음이 성숙할수록 아이처럼 순수하다.

나눌수록 풍요해지고,
응답되지 않은 기도가 응답된 기도이고,
인간의 본능을 거슬러야 온전한 인간이 되고,
옛 삶이 죽어야 제대로 살 수 있고,
늘 변화되어야 온전함을 유지할 수 있다.

가장 간절한 내 뜻은
하나님의 뜻과 같아지는 것이고
하나님께 틈을 보일수록
하나님의 임재로 완전해진다.

하나님은 역설을 원하신다.

이 모습 그대로를 사랑하시지만
더 나아지고 자라길 원하신다.

이미 왔고 아직 오지 않은
하나님나라에 살기를 원하시기 때문이다.

우리가 항상 예수의 죽음을
몸에 짊어짐은 예수의 생명이
또한 우리 몸에 나타나게 하려 함이라 고후 4:10

근심하는 자 같으나 항상 기뻐하고
가난한 자 같으나
많은 사람을 부요하게 하고
아무 것도 없는 자 같으나
모든 것을 가진 자로다 고후 6:10

역설의 삶으로
하나님을 역설하자.

버리시는
하나님

하나님이 우리와 함께하기 위해
선택하신 방법은 버림이다.

죄를 지심으로 거룩함을 버리셨고,
십자가에서 영원함과 영광을 버리셨고,
못 박히심으로 전능함과 생명을 버리셨다.

모든 신의 속성을 버리셨다.

그런데 끝까지 버리지 않은 속성은
'함께하시는 하나님'이었다.
인간으로 사셔서 우리와 함께 되셨고
인간처럼 죽으셔서 우리와 함께하셨다.

우리가 하나님과 함께하는 방법도 버림이다.
하나님이 신의 속성을 버리셨듯
우리는 죄의 속성을 버려야 한다.
죄와 악과 욕심을 버리고

65

계획과 판단을 내려놔야 한다.

톱니바퀴는 원래 동그라미였을 것이다.
동그라미는 원래 나무 덩어리였을 것이다.
나무 덩어리는 원래 나무줄기였을 것이다.

깎고 깎아서 톱니바퀴가 되었고
서로 딱딱 맞아 함께 움직이게 된다.

죄의 속성을 깎아버릴수록
하나님과 함께할 수 있다.

버리지 않으려고 다 버리셨다.

**함께하는 것 말고는
아끼지 않으셨다.**

검으나
아름답다

건축은 두 가지다.
밖에서 안을 볼 때 멋진 건축,
안에서 밖을 볼 때 멋진 건축.

건축가 유현준 교수는
안동에 있는 병산서원을
가장 아름다운 건축물을 꼽았다.

밖에서 보면 평범한 서원이지만
안에서 밖을 보면
하늘과 강과 나무와 산의 경치를
건축 안으로 가져옴으로 아름다워졌다.

하나님은 나의 멋짐과 화려함이 아니라
나를 통해 드러난 하나님을 보시며
아름답다고 하신다.

가장 아름다운 존재는 하나님이기 때문이다.

겉으로 보기에는 화려하지 않고 보잘것없어도
그 삶에서 하나님을 바라볼 수 있다면,
자연의 경치로 아름다워진 병산서원처럼
내 삶이 하나님으로 채워져 있다면
그 어떤 삶이 부러울까.

높은 빌딩 같은
높은 명예와 높은 재산과
높은 지식과 높은 인기의
삶보다 더 아름답다.

하나님은 아름다움을 사랑하신다.
그래서 이토록 산과 나무와 꽃과
구름과 하늘과 바다를
아름답게 만드셨고,
자연과 계절과 별과 바람을
아름답게 만드셨고,

가장 아름다운 하나님의 형상으로
우리를 만드셨다.

이 세계는 하나님의 아름다움이 반영되었고
그것을 회복하는 것이 우리의 목적이다.

우리를 통해 아름다운 하나님의
사랑과 마음과 말씀과 은혜로
어두워진 세상을 다시 칠하는 것이
창조주의 목적이다.

눈에 보기에
좋은 것을 가질수록
아름다워지는 것이 아니라
아름다운 하나님의 형상을
회복할수록 아름다워진다.

이것을 알고 믿고 바라고 있다면

당신은 겸으나 아름답다.

달라도 너무 다른
하나님

밀 타작하던 농부 기드온에게
"큰 용사여"라고 부르신다 (삿 6:12).

마른 뼈들에게
"군대"라고 부르신다 (겔 37:4).

죽은 소녀에게
"자고 있는 아이"라고 부르신다 (막 5:39).

모두 떠난 삭개오에게
"내가 찾던 자"라고 부르신다 (눅 19:10).

혼인잔치에서 별 필요 없는 물에게
"더 좋은 포도주"라고 부르신다 (요 2:7).

죄로 멸망 받을 우리에게
"내 목숨을 다해 사랑하는 자"라고 부르신다 (요 3:16).

먹구름 위에 오르면
여전히 하늘은 파랗다.

하늘이 회색이 아니듯
현재 나의 상황이
진짜 나를 규정하지 못한다.

당신은 여전히 선명한 색으로 칠해진
아름다운 존재다.

하나님은
먹구름 뒤에 가려진
우리의 진짜 모습을 보신다.

물론 먹구름으로
가려진 모습 그대로도
사랑하신다.

그분이
우리 아버지이시다.

필요를 채우지
않는 하나님

누구든지 목마르거든
내게로 와서 마시라 요 7:37

무엇이 필요하든 하나님께 나아가자.
힘, 지혜, 행복, 돈, 인기.
하나님의 방식으로
갈급함을 없애주실 것이다.

가장 밥맛이 없을 때는
역겨운 냄새를 맡거나,
더러운 걸 봤을 때가 아니라
턱 끝까지 배부를 때다.

배가 부르면 다른 음식에 대한
필요를 못 느낀다.

하나님은 우리가 원하는
모든 것을 다 채워주시는 분이 아니라

우리를 배부르게 하시는 분이다.
가장 크고 영원한 것으로.

바로 하나님이다.

가장 크고 영원하신 하나님이
나를 채워 주셔서 그분과 함께 살 때
모든 갈급함은 사라지고
영원한 포만감을 얻을 수 있다.

이는 그를 믿는 자들이 받을
성령을 가리켜 말씀하신 것이라 요 7:39

하나님은
필요로 우리를 채우지 않으신다.

하나님으로 배부르게 하신다.

2 무엇을 선택해야
하나님의 뜻일까?

더 잘하고 싶을 때 하시는 말씀

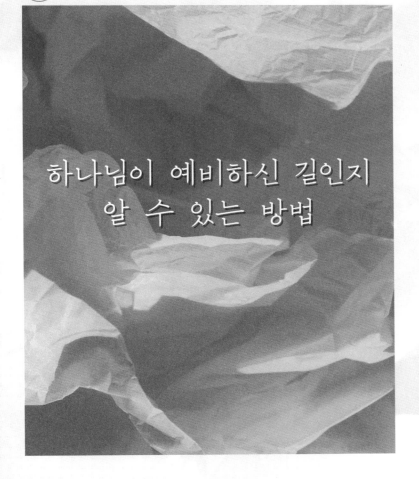

하나님이 예비하신 길인지
알 수 있는 방법

어떤 길, 어떤 삶, 어떤 직업이
나에게 딱 맞는 것인지에 대한 물음은
우리를 집요하게 고민시킨다.

안정적이고, 꼭 하고 싶고,
재능에도 맞는 교집합을 찾아야 한다.

하나님은 날 위해
어떤 삶을 준비하셨을까?
어떻게 그 길을
우회 없이 찾을 수 있을까?

의인들의 길은 여호와께서 인정하시나 시편 1:6

어떤 길을 선택했든
"그게 너의 길이야"라고 인정해 주신다.
걸을 수 있는 힘도 주신다.
대신 의인이어야 한다.

오직 여호와의 율법을 즐거워하여
그의 율법을 주야로 묵상하는도다 시편 1:2

어떤 길을 걷고 있든 그 자리에서
하나님의 말씀대로 살아가면 의인이다.
어떤 자리에 있든 그곳에서
하나님과 동행하고 있다면 의인이다.

말씀대로 살기 위해 집중하고
인도하심에 순종하는 의인이라면
어떤 선택을 했든, 어떤 길을 걷고 있든
하나님이 인정하시고 능력 주시고
동행하시는 길로 변하게 된다.

광야를 걷고 있다면
구름기둥과 불기둥으로,
홍해를 건너고 있다면
마른 땅이 되게 하심으로,

풀무불 가운데 있다면
불꽃이 사르지 못하게 하심으로
각자의 꿈을
이룰 수 있도록 도우실 것이다.

그는 시냇가에 심은 나무가
철을 따라 열매를 맺으며
그 잎사귀가 마르지 아니함 같으니
그가 하는 모든 일이 다 형통하리로다 시편 1:3

걷다가 실패하고 넘어져도,
돌아가고 오래 걸려도
결국은 각자의 철을 따라
열매를 맺게 하실 것이다.

그래서 결국
지금 걷는 그 길의 끝이
각자의 가나안이 될 것이다.

꿈을 찾는 가장 빠른 길은
의인의 길에 들어서는 것이다.

덜 준비되었을 때,
더 주시는 은혜

예수님은 열병에 걸려
누워 있던 베드로의 장모를 고치신다.

그 손을 잡아 일으키시니 열병이 떠나고 막 1:31

순서가 이상하다.
열병 때문에 누워 있었다면
열병이 나은 뒤에 일어날 수 있다.
그런데 일어난 뒤에 병이 떠나갔다.

우리는 완벽한 준비를 꿈꾸지만
아무리 노력해도 완벽할 수 없다.
완벽한 준비를 한 것 같아도
변수로 인해 무너질 때가 많다.

베드로의 장모는
일어날 준비가 되지 않았다.
예수님의 손을 잡았을 뿐이다.

열병은 떠나갔고 그녀는 온전해졌다.

완벽하게 준비를 해도,
완벽하게 준비를 못 해도
예수님을 의지하는 것이 먼저다.

그분의 손을 먼저 잡을 때,
누워만 있던 자를 일으키셨듯
무너진 계획을 일으켜 세우실 것이다.

하나님 앞에 서기 위해,
하나님의 일을 하기 위해
자격이 필요하다고 생각한다.

'난 죄도 많고, 착하지도 않아.'
'믿음도 부족해, 기도도 잘 안 해.'

모든 열병을 해결한 후가 아니라

모든 열병을 들고 하나님 앞에
먼저 설 때 열병이 사라지는 것이다.

믿음이 성장하고 기도하는 것이 아니다.
기도를 하면 믿음이 성장한다.
말씀을 다 알고 말씀대로 사는 것이 아니다.
말씀대로 살면 말씀을 알게 된다.

시간 나면 예배를 드리는 것이 아니라
먼저 예배를 드려야 한다.

상황이 좋아진 후 믿음 생활하는 것이 아니라
먼저 주님을 바라봐야 한다.

준비된 후 하나님의 일을 하는 것이 아니라
먼저 하나님의 일을 할 때
할 수 있는 능력과 상황을 주신다.

덜 준비되었을 그때
더 큰 은혜가 준비되어 있다.

어색한
예수님

베데스다 못에 병자들이 모여 있다.
천사가 내려올 때 가장 먼저
물에 들어가면 낫게 되는 것 때문이었다.
38년 동안 걷지 못한 병자도 거기 있었다.
38년의 익숙한 병을 고치기 위해
익숙한 방법을 선택했다.
그때 예수님이 오셨다.
어색한 말씀을 하신다.

일어나 네 자리를 들고 걸어가라 요 5:8

38년 동안 한 번도 듣지 못했을 말이다.
그리고 어색한 일이 일어났다.
처음으로 걷게 된 것이다.

우리는 익숙함이 주는 안정감 때문에
익숙한 것만 찾고 익숙한 일만 반복한다.
하지만 어색함에는 힘이 있다.

하나님의 말씀은 늘 어색하다.

깊은 곳에 그물을 던지라 하시고,
5리를 가자고 하면 10리를 가라 하시고,
죽은 나사로를 잔다고 하시고,
나약하고 죄 많은 우리를 사랑스럽다 하신다.

다 이해 못 해도 익숙한 내 생각을 버리고
어색한 말씀과 인도하심에 순종할 때,
익숙한 어부의 삶에서 새롭게 제자가 되었듯
죽은 나사로가 살아나는 기적이 일어났듯
옛 삶이 끝나고 하나님과 동행하는
새 삶이 시작될 것이다.

하나님이 인간이 되신 것,
하나님이 인간을 위해 죽으신 것
가장 어색한 일이다.

하지만 이 어색한 은혜로 우리는
익숙한 죄의 삶에서
새로운 하나님나라에서 살게 되었다.

어색한 말씀에 대한 순종이 익숙해질수록
하나님나라의 삶은 친숙해진다.

하나님 생각만 하면
안 되는 이유

하나님 생각을 많이 한다고 해서
그것이 믿음의 전부가 아니다.

성숙한 믿음을
늘 하나님을 떠올리고,
하나님을 생각하면서
더 기도하고, 더 예배드리고,
더 교회생활에 충실한 것으로
오해하면 안 된다.

하나님 생각을 했다면
'하나님의 생각'을 해야 한다.

하나님께 기도하고
예배드리고 찬양했다면,
그렇게 하나님 생각을 했다면,
이제는 '하나님의 생각'을 하고
그분의 뜻대로 살아야 믿음이다.

마음과 일상과 친구와 가족을 향한
하나님의 생각은 무엇인지,
꿈과 재능과 학교와 직장에 담긴
하나님의 생각은 무엇인지,

상처와 두려움과 관계와 어려움 속에
하나님의 생각은 무엇인지 고민하며 기도하며
내 생각을 하나님의 생각으로 맞추고,
그 생각을 녹여 살아내는 것이 믿음이다.

예수님이 그렇게 사셨다.

늘 사랑하며 용서하며
약한 자보다 더 낮아지시고
아파하는 자보다 더 아파하시며
아무도 만지지 않는 자를 안아주시고
모두가 떠난 자의 집에 들어가시고
빈 무덤 앞에서 모든 것을 잃고 상실감에 무너진

막달라 마리아의 이름을 불러 주셨다.

그리고 다시 전부가 되어 주셨다.

예수님의 삶은
'하나님의 생각'의 실현이었다.

우리에게 그렇게 살라고 초대하신다.
예수님이 앞서 걸어가신 그 길,
십자가의 길을 따라오라고 하신다.

그 길의 과정은 고난과 아픔과
상처와 못 박힘도 있지만
그 길의 끝에 하나님의 우편이 있다고 하신다.

그 삶이 가장 완전하다고 하신다.

하나님의 생각이

　　내 삶 되길 간절히 원합니다.

하나님이
단점을 주신 이유

햇빛을 흡수하는 것은
꽃이 아니라 잎이다.
잎은 꽃이 피기 전
열심히 햇빛을 받아
꽃을 피우고 열매를 맺게 한다.

빛 되신 하나님은
우리의 잎과 같은 모습을 통해 만나주시고
꽃과 같은 모습을 통해 사용하시는 분이다.

꽃 같은 화려한 장점은 없고,
잎 같은 단출한 단점이 많아
걱정되고 자신이 없다면,
꽃보다 잎이 먼저 핀다는 것을
기억해야 한다.

하나님은
단점을 통해 먼저 만나시고

장점을 통해 사용하신다.

세리장이고 부자였던 삭개오가
예수님을 만나게 된 이유는
명예와 부라는 장점이 아니라
키가 작다는 단점이었다.

예수님을 만나고 드디어
제대로 장점을 쓰임 받게 된다.
그의 소유를 많은 이들과 나누었다.

꽃이 피었다.
하나님을 만나는 것은
꽃이 아니라 잎이다.

무성한 잎을 들고
빛 되신 하나님께 나아가자.
꽃을 피우게 될 것이다.

꽃보다 잎이 먼저 핀다.

우리도 그렇다.

하나님
최대 관심사

풍랑이 멈춘 뒤 베드로가
물에 뛰어든 것이 아니고
폭풍이 멈춘 뒤 요나가
바다에 빠진 것이 아니다.

풀무불이 꺼진 후 세 친구가
불에 들어간 것이 아니고
사자들이 잠든 후 다니엘이
사자굴에 들어간 것이 아니다.

하나님은 늘 상황 안에 계신다.

어려움과 고난을 경험할 때
우리의 최대 관심사는
상황 밖으로의 벗어남이지만
하나님 최대 관심사는
상황 안에서의 하나님을 의지함이다.

그래서 힘든 상황에서
가장 지혜로운 것은
상황을 피하는 것도,
이겨내는 것도 아니다.

상황 안에서
하나님을 바라보는 것이다.

하나님과
같은 관심사로 상황을 대할 때,
물 위를 걷게 하시고
큰 물고기를 보내주시고
풀무불에서 타지 않게 하시고
사자의 입을 닫게 하실 것이다.

하나님 최대 관심사는
좋은 상황이 아니라 깊은 관계다.

넘어져도
괜찮은 이유

컵에 물이 흐르려면 넘쳐야 한다.
간절하게 바라는 마음이 넘쳐야
기도가 하나님께 흘러간다.
그런데 물은 컵이 넘어져도 흐른다.

그래서 하나님은
넘어지게 하실 때가 있다.
하나님께 간절해지라는 것이다.

넘치지 않으면 흐르지 않는다.
하지만 넘어져도 물은 흐른다.

넘어졌다면
하나님께 흘러가라는 것이다.

그래서
넘치는 것도 은혜고
넘어지는 것도 은혜다.

참기로 했을 때
하나님이 하시는 일

참는 건 슬프다.
어찌할 도리 없이 지금의 상황을
인정해야 하고 인내해야 하는
현실이 아프다.

참음으로 가장 슬플 때는
참음을 다짐하고 순종을 결심할 때다.

할 수 있는 것이 없겠다는 허무함과
힘들게 버텨온 나에 대한 안쓰러움과

버텨야 하는 상황이 굳건히 기다리고 있음과
인내의 믿음을 갖게 됐다는 안도감과

하나님이 불쌍히 여기시길 바라는 절실함이
합쳐져 큰 슬픔이 된다.

하지만 참음을 다짐하는 그때가
순종과 인내를 결심하는 그때가
하나님께 가장 빛나는 때다.

십자가를 앞에 두고
참음과 순종을 위해 기도하셨던
예수님을 닮은 때이기 때문이다.

할 수 있는 것이 아무것도 없음을 느끼며
하나님 앞에 모든 것을 내려놓을 때
우리는 할 수 있는 최고의 것을 한 것이다.

그 일을 통해
하나님이 일하시기 때문이다.

반드시 인내가
영광이 되게 하실 것이다.

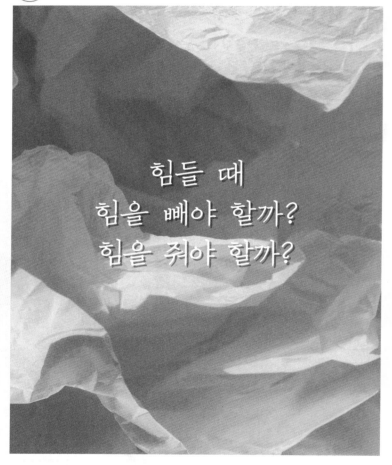

힘들 때
힘을 빼야 할까?
힘을 쥐야 할까?

소리는 목에서 나오지만
가창력 있게 노래하려면
목에 힘을 빼야 한다.

야구공은 팔로 던지지만
제구력 있게 던지려면
팔에 힘을 빼야 한다.

힘든 일이 생기면 힘이 들어간다.
긴장하고 조급해지고
어떻게 해결해야 할지 전전긍긍하게 된다.
하지만 힘들 때 힘을 주면 더 힘들다.
힘을 빼야만 한다.

어떻게 빼야 할까?

노래를 잘하려면 목이 아니라
배로 힘을 이동시켜야 한다.

그래야 정확한 음정과
좋은 발성으로 노래할 수 있다.

야구를 잘하려면 팔이 아니라
다리로 힘을 이동시켜야 한다.
그래야 정확한 방향과
빠른 속도로 공을 던질 수 있다.

힘들 때 힘을 빼는 방법은
힘을 없애는 것이 아니라
힘을 이동시키는 것이다.

내 능력이 아니라
하나님의 능력을 의지하는 것으로
힘을 주는 것이다.

하나님께 더 기도하고,
더 감사하고, 더 예배하고,

더 순종하고, 더 의지하는 것에
힘을 주어야 한다.

밤새도록 물고기잡이에 실패한 베드로는
말씀에 순종하는 것으로
모든 힘을 이동시켰고 많은 물고기를 잡았다.

폭풍을 만난 요나는
하나님을 의지하는 것에
모든 힘을 이동시켰고 큰 물고기를 통해
구원받고 사명을 완수할 수 있었다.

하나님을 의지하는 것에
힘을 주면 하나님이 힘을 주신다.

**힘이 센 삶보다
힘을 뺀 삶이 더 강하다.**

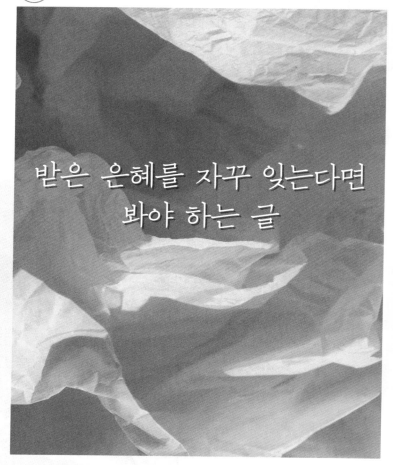

받은 은혜를 자꾸 잊는다면
봐야 하는 글

하나님은 회개한 죄를 잘 지우시지만
우리는 받은 은혜를 잘도 지운다.
예배를 통해 뜨겁게 은혜를 받아도
돌아서면 금방 휘발되어버린다.

왜 자꾸 이런 일이 일어날까?

꿈이 아무리 생생해도
금방 잊히는 것은 현실이 아니기 때문이다.

은혜가 쉽게 잊히는 이유는
당면한 삶의 상황이
하나님의 살아 계심보다
더 현실성 있게 느껴지기 때문이다.

하나님의 말씀보다
내 생각이 더 현실성 있게
느껴지기 때문이고,

예배에서 받은 은혜보다
집으로 돌아온 일상의 현실이
더 크게 느껴지기 때문이다.

가나안에 들어가려면 요단강을 건너고,
여리고 성을 무너뜨려야 하는 현실이 있었다.
하지만 여호수아는 하나님의 함께하심을
더욱 현실성 있게 바라보았다.
그래서 하나님 말씀에 순종했다.

범람하는 요단강에 발을 디뎠고,
7일 동안 여리고 성을 돌기만 했다.
그에게는 말씀이 가장 큰 현실이었다.

그렇게 마른 땅이 된 요단강과
무너진 여리고 성이 그의 현실이 되었다.

더 의미를 두었던 내 일상과
더 무게를 두었던 내 생각과
더 가치를 두었던 내 계획을
내려놓고 진짜 현실을 바라봐야 한다.
눈으로 보이는 일들이 진짜 현실이 아니다.

하나님이 언제나 함께하시고
변함없음과 한없음으로 사랑하시고
언제나 선한 길로 인도하신다는 것이
우리의 진짜 현실이다.

현실에 충실하자.

한계를 만나게 하시니
감사합니다

새벽에 일어나 기도하려고
눈을 감았더니 기도보다
오늘 해야 할 일들이 지나갔다.

막막함에 마음이 막혔다.
걱정되게 하신 이유가 있었다.
걱정의 끝을 따라가니 하나님이 계셨다.

그 막힌 곳에서 하나님을 만나
행하실 일들을 기대하며
감사 기도를 드렸다.

모든 한계의 끝에 하나님이 있다.
내 지혜의 끝에, 내 능력의 끝에
하나님이 기다리고 계신다.

우리가 할 수 있는 것 중
가장 귀한 것은 하나님과 함께하는 것이다.

우리는 한계를 자주 만나야 한다.

베드로는 어부의 한계의 끝에서
예수님을 만났다.
모세는 길의 끝, 홍해 앞에서
하나님의 능력을 경험했다.

나사로는 생명의 끝에서
하나님의 능력을 만났다.
혈루증 여인은 병의 고통 끝에서
예수님의 옷자락을 만졌다.

모든 길 끝에 새로운 길이 있었다.

내가 새벽 날개를 치며
바다 끝에 가서 거주할지라도
거기서도 주의 손이 나를 인도하시며
주의 오른손이 나를 붙드시리이다 시 139:9,10

길이 끝났다고 좌절하기 전에
거기 계신 하나님을 바라보고
하나님만 의지해야 한다.

길 의 끝 은 문 이 다 .

힘을 빼라는 건
아무것도 하지 말라는 것일까?

순종이란 물에 몸을 띄우듯
힘을 빼고 하나님께 맡기는 것이다.
그런데 힘을 뺀다는 것을
아무것도 안 한다는 것으로
오해하면 안 된다.

오히려 그 반대다.

하나님이 인도하셔서 이르게 된
그곳의 현실과 주어진 상황에서
최선을 다하는 것이 순종이다.

힘을 뺀다는 건
하나님의 인도하심에 반하며
내 뜻대로 되길 바라는 욕심을 비우는 것이다.

그래서 순종은 무기력한 포기가 아니다.
하나님의 뜻을 내 뜻으로 삼고

그 뜻을 이루기 위해 온 힘을 다하는 것이다.

광야에 있다면
그곳에서 최선을 다하고
폭풍에 있다면
그곳에서 최선을 다해야 한다.

어느덧
가나안이 보일 것이고
순풍이 불어올 것이다.

최선을 다하고 있다면
이미 최고의 선한 계획이
이루어지고 있는 중이다.

믿음은 해놓은 것이 아니라
해보는 것이다

상황이 안 돼도 모든 일에
감사를 완벽하게 해놔야,
이해가 안 돼도 모든 일에
순종을 완벽하게 해놔야,
믿음이라고 생각한다.

다른 것 전혀 안 보고
오직 하나님만 의지하는 것까지 해야
믿음이라고 생각한다.

많은 물고기를 잡는 것까지 해야
믿음이라고 생각하지만,
베드로는 깊은 곳에 그물을 던진 것뿐이다.
많은 물고기는 예수님이 하신 것이다.

골리앗처럼 큰 문제를 이기는 것까지 해야
믿음이라고 생각하지만,
다윗은 믿음으로 돌을 던진 것뿐이다.

골리앗이 쓰러진 것은 하나님이 하신 것이다.

저 멀리 있는 믿음의 결승선까지 도달해야
완벽한 믿음이라고 생각하지만,
우리가 할 일은 출발선을 넘는 것뿐이다.
결승선은 하나님이 가게 하신다.

힘들어도 감사를 한번 해보는 것이다.
이해가 안 돼도 순종을 해보려고 하는 것이다.
하나님만 바라보려고 해보는 것이다.

예수님의 십자가 오른쪽 죄수는
자기도 구원해 달라고 간구했다.
행악자였고 범죄자였다.
결승선에 갈 수 있는 삶이 아니었다.
간구한 것뿐이다. 예수님이 말씀하셨다.

오늘 네가 나와 함께 낙원에 있으리라 눅 23:43

출발선을 넘었더니 '하나님나라'라는
결승선은 예수님이 가게 하셨다.

믿음은
해놓은 것이 아니라
해보는 것이다.

하나님이 알려주시는
일 잘하는 법

무엇인가를 잘하는 것보다
하나님을 일하시게 하는 것이 중요하다.
내 것을 더 남기려 하지 않고
하나님께 더 넘기려 하는 것이다.

이집트의 총리 요셉,
바벨론의 총리 다니엘,
광야의 지도자 모세,
이스라엘 민족의 왕 다윗은
수많은 위기와 위협 속에서
최고의 업적을 남겼다.

어떻게 최고가 되었을까?

다윗은 있는 힘껏 돌을 던졌고,
모세는 있는 힘껏 바다를 쳤고,
다니엘은 최선을 다해 기도했고,
요셉은 늘 하나님의 마음을 품었다.

그리고 나머지는 하나님께 맡겼다.

최선을 다해 노력하며 기도하며 순종하고
최선을 다해 하나님께 맡겨야 한다.

어려움의 골리앗이 쓰러질 것이고,
장애물의 홍해가 갈라질 것이고,
상처의 사자굴을 이길 것이고,
능력의 가뭄을 극복할 것이다.

가장 일 잘하는 사람은
하나님이 일하시게 하는 사람이다.

그래서 하나님께
맡기는 일을 잘하는 사람이
가장 일을 잘하는 사람이다.

왜 악인이
형통할까?

형통하지 않다.

죄와 가깝다면, 하나님과 멀어졌다면
형통하지 않은 삶이다.

돈, 명예, 성공은 형통의 기준이 아니다.
내 뜻대로 잘 되는 것이 형통이 아니다.
하나님 뜻대로 사는 것이 형통이다.

하나님과 동행하며
삶으로 말씀을 실현하며
하나님을 더 사랑하려 하고
이웃을 더 사랑하려 한다면
형통한 삶을 살고 있는 중이다.

하나님과 잘 통하는 것이 형통이다.

하나님을 유일하게
지치게 하는 것

다시는 헛된 제물을
가져오지 말아라.
다 쓸모없는 것들이다.

분향하는 것도 나에게는 역겹고,
초하루와 안식일과 대회로 모이는 것도
참을 수 없으며, 거룩한 집회를 열어 놓고
못된 짓도 함께하는 것을 내가 더 이상 견딜 수 없다.

나는 정말로 너희의
초하루 행사와 정한 절기들이 싫다.
그것들은 오히려 나에게 짐이 될 뿐이다.
그것들을 짊어지기에는 내가 너무 지쳤다.

너희가 팔을 벌리고 기도한다 하더라도,
나는 거들떠보지도 않겠다.
너희가 아무리 많이 기도한다 하여도,
나는 듣지 않겠다. 너희 손에는 피가 가득하다. 사 1:13-15, 새번역

습관적인 예배는
전능하신 하나님도 지치게 한다.

이웃을 괴롭게 하며 악을
행한 채로 드리는 예배는
하나님을 견디지 못하게 한다.

이런 예배드리는 자를
'내 마당만 밟는 자'라고 하신다.

하나님은 죄와 악을 버리고
옳은 일과 착한 일을 하는 삶으로 드리는
예배를 기뻐하신다.

어떤 예배든 하나님을 대면해야 한다.
대면 예배가 하나님 대면을 보장하지 않고
비대면 예배가 하나님 대면을 방해하지 못한다.

하나님을 겸손하게 높이며
말씀과 삶의 일치를 위해 분주한 예배자라면
전능하신 하나님을 대면할 수 있다.

너희는 씻어라. 스스로 정결하게 하여라.
내가 보는 앞에서 너희의 악한 행실을 버려라.
악한 일을 그치고, 옳은 일을 하는 것을 배워라.
정의를 찾아라. 억압받는 사람을 도와주어라.
고아의 송사를 변호하여 주고
과부의 송사를 변론하여 주어라. _{사 1:16,17, 새번역}

영과 진리로 드리는 예배인가.
죄와 거짓으로 드리는 예배인가.

하나님을 기쁘게 하는 예배인가.
하나님을 지치게 하는 예배인가.

회개만 했음을
회개합니다

회개할 것이 생각난 것으로,
죄였음을 알고 있다는 것만으로
믿음의 의무를 다한 것 같은
위안과 우월감을 가질 때가 있다.

죄인으로 회개하면서
교만해지는 아이러니한 믿음이다.
그렇게 회개함으로 또 다른 죄를 짓는다.

회개는 시동을 거는 것과 같다.
시동을 켠 차는 여전히 제자리다.
엑셀을 밟아 앞으로 나아가야 한다.

회개를 통해 죄로 죽은 삶이었다가
생명이라는 시동이 걸린 삶이 되었어도
합당한 삶을 살기 전까지는 늘 제자리다.

시동을 켰으면 말씀의 길을 걸어야 한다.
예수님이 가신 길을 좇아
하나님께 더 가까이 가야 하고
하나님 모습에 가까워져야 한다.

더 사랑하고 더 거룩하고
더 겸손하고 더 순종해야 한다.
이것까지가 회개다.

회개가 기도에서 멈췄다면
아무리 믿어도 아무리 열심이어도 늘 제자리다.
회개만 했음을 회개해야 한다.

하나님께 닿아가는 것.
하나님을 닮아가는 것.
이것이 회개의 완성이다.

이것만 준비되면
쓰임 받는다

수많은 다음이 기다리고 있다.
시험, 대학, 직장, 가정, 노후,
4차 산업혁명, 코로나19 이후.

다음을 준비해야 한다.
어떤 준비를 해야 할까?
성적, 스펙, 돈, 능력이면 될까?

하나님은 사울의 다음 왕을 세우실 때,
외모가 아닌 중심을 보셨고
하나님 마음에 합한 다윗은
다음 왕으로 쓰임 받았다.
하나님은 다음을 준비하실 때 마음을 보신다.

하나님을 사랑하는 마음,
하나님처럼 사랑하는 마음,
하나님만 바라보는 마음,
하나님처럼 생각하는 마음을 보신다.

다음 세대 중
누가 쓰임 받게 될까?

지식과 소유와 스펙과 능력이 아니라
하나님만 사랑하는 마음,
하나님과 같은 마음이
준비된 자가 쓰임 받는다.

코로나19 이후에 어떤 교회가
크게 쓰임 받게 될까?
화려하고 기술적이고 다양한
온라인 콘텐츠가 준비된 교회?

하나님의 마음을 품은 교회다.

하나님은 이웃을 사랑함으로
하나님께 사랑을 고백하는 교회,
황폐해진 곳을 회복시키려 몸부림치는

하나님 마음에 합한 교회를 찾고 계시고
다윗에게 부으신 기름을 부으실 것이다.

지혜가 부족해도 괜찮다.
건강이 연약해도 상관없다.
능력이 없어도, 가진 것이 없어도
마음만 준비된 자라면 쓰실 것이다.
부족한 것은 하나님이 채워주실 것이다.

하나님 앞에서
빈틈없이 준비된 자는
마음이 준비된 사람이다.

하나님과 같은 마음은
하나님의 다음 그림을
선명하게 그려내는 물감이다.

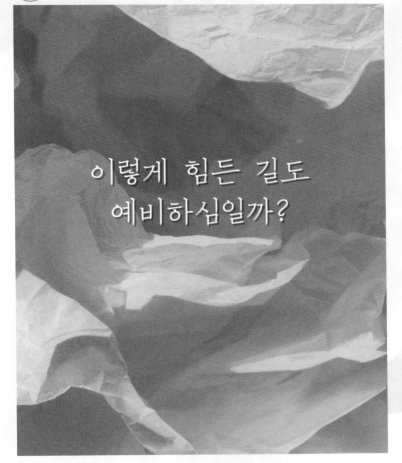

이렇게 힘든 길도
예비하심일까?

나의 길을 가장 잘 아시는
하나님을 따라가야 한다.

그래서 기도하며 결정했지만,
전공은 맞지 않고, 직장은 즐거움이 없고,
장래는 보이지 않고, 일상은 결핍이 많다.

이것도 하나님이 인도하신 걸까?
기도가 부족했던 걸까?
나만 빼놓고 인도하신 걸까?
하나님은 무엇을 원하시는 걸까?
하나님을 따라간다는 건 무엇일까?

따라 하는 것이
따라가는 것이다.

어떤 길에 서 있든
하나님의 말씀을 따르고
하나님의 성품을 따라 하는 것이
하나님이 원하시는 것이다.

하나님의 꿈이 나의 비전이 되고
예수님의 성품이 나의 인격이 되고
성령님의 권능이 나의 능력이 되길

원하고 바라고 기도합니다, 민호기,이현임,김요셉 작사, 민호기 작곡

원하고 바라고 기도해야 하는데
성령님의 권능만 바라는 건 아닐까.

말씀을 따름으로
가나안으로의 인도하심을
따라갈 수 있었던 광야의 이스라엘처럼
"왜"라는 의문과 원망을 버리고
따라 하는 믿음으로 충만할 때,

지금의 길이 하나님의 선한 길과 연결된다.

하나님의 선함을 따라 할 때
하나님의 선한 계획을 따라가게 된다.

따 라   함 이   따 라 감 이 다 .

하나님
최대 관심사

(두 번째)

믿음이 좋은 사람 중에는
부자도 있고 가난한 자도 있다.
믿음이 없는 사람 중에도
부자도 있고 가난한 자도 있다.

그럼 얼마나 많이 버느냐는
하나님의 관심사가 아니다.

기도 열심히 하는 사람 중에는
건강한 사람이 있고
건강하지 않은 사람도 있다.
기도 안 하는 사람 중에도
건강한 사람이 있고
건강하지 않은 사람도 있다.

그럼 얼마나 건강한지도
하나님의 관심사는 아니다.

더 버는 것, 더 건강한 것,
더 높은 자리에 오르는 것,
더 좋은 대학 가는 것,
현재의 어려움을 이기는 것,
보이지 않는 미래를 보는 것.

우리가 가장 관심을 갖고 있는 이 모든 것은
하나님 주권 아래 있는 것이지만
하나님의 최대 관심사는 아니다.

하나님 최대 관심사는
'얼마나 잘살고 있는가?'에 있지 않고,
'얼마나 하나님을 사랑하는가?'
'얼마나 하나님과 동행하는가?'
'얼마나 하나님께 순종하는가?'
'얼마나 하나님만 집중하는가?'에 있다.

어려움이 찾아올 때 우리는 궁금하다.
'하나님은 왜 이런 일을 주셨지?'
'하나님의 뜻은 뭐지?'
'내가 무엇을 하길 원하시지?'

어려움과 고난을 경험할 때
우리의 최대 관심사는
상황 밖으로의 벗어남이지만
하나님 최대 관심사는
상황 안에서의 하나님을 의지함이다.

우리의 기도는, 우리의 예배는,
우리의 믿음은, 우리의 삶은
하나님의 관심사와 일치되었는가?

하나님이랑
밸런스 게임하기

요즘 밸런스 게임이 유행이다.

평생 두통 vs 평생 치통
여름에 히터 vs 겨울에 에어컨
회에 케첩 vs 감자튀김에 초장
월 200만 원 받는 백수 vs 월 500만 원 받는 직장인
수능 다시 보기 vs 이대로 살기

밸런스가 너무 잘 맞아서
고르기가 정말 힘들다.

하나님과 밸런스 게임을 해보자.

골방에서 기도만 하기
vs 기도는 전혀 안 하고 착한 일은 많이 하기

교회에서는 천사, 세상에서는 악마
vs 교회에서는 악마, 세상에서는 천사

하나님 사랑하고 이웃 다 미워하기
vs 하나님 미워하고 이웃 다 사랑하기

하나님은 어떤 답을 하실까?

나더러 주여 주여 하는 자마다
다 천국에 들어갈 것이 아니요
다만 하늘에 계신 내 아버지의 뜻대로
행하는 자라야 들어가리라 마 7:21

믿음과 행함의 밸런스,
교회 안과 교회 밖의 밸런스를
깨지 말라고 하신다.

하나님과 이웃을 사랑함이 같아야 하고
예배와 형제의 소중함이 같아야 하고
믿음과 행함의 모습이 같아야 한다.

어떻게 이런 밸런스를 유지할 수 있을까?

집 하인이 두 주인을 섬길 수 없나니 눅 16:13

밸런스가 깨져야 한다.
하나님의 말씀과 나의 욕심,
하나님의 은혜와 나의 교만,
하나님의 지혜와 세상의 방식의
밸런스가 깨지고 오직 하나님만을 향할 때
믿음이 흔들리지 않고 균형을 맞출 수 있다.

하나님께 기울어짐이
가장 좋은 균형이다.

이것을 이겨야
그리스도인이다

흔히 세상을 이겨야 한다고 말한다.
하지만 먼저 이겨야 할 상대가 있다.
옛 삶을 살고 있는 나 자신이다.

하나님께로부터 난 자마다
세상을 이기느니라 요일 5:4

세상을 이기려면 하나님께로부터
새롭게 태어나야만 하기 때문이다.

그리스도인의 승리는
세상을 이기고, 고난을 이기고,
타 종교를 이기는 것이 아니다.

죄를 지으려 하는
내 옛사람을 이기는 것이다.

미움을 가지려 하는 나를 이기고,
교만에 빠지려 하는 나를 이기고,
유혹에 지려는 나를 이겨야 한다.

세상은 기독교를 이기적이라고 한다.
죄 된 자신을 이기지 못한 채
세상만 이기려 하기 때문이다.

세상을 이긴다는 것은
옛 삶을 이겨 새로워진 자들의 삶을 통해
하나님나라로 변화시키는 것이다.

타락과 부패로 변질된 세상을
비판과 정죄로 이기려 하기 전에
먼저 죄짓는 나를 이겨야 한다.

어떻게 이길 것인가?
예수 그리스도가 승리케 하신다.

보혈의 은혜로 죄를 이기게 하시고,
주신 말씀으로 유혹을 이기게 하시고,
받은 사랑으로 미움을 이기게 하시고,
먼저 가신 겸손의 길로
교만을 이기게 하실 것이다.

우리의 내면이 이러한
선한 싸움으로 격렬하고 치열할수록
세상을 향한 우리의 사랑과 평화는
온유하게 드러날 것이다.

**새 삶으로 옛 삶을 이긴 자만이
세상을 이길 수 있다.**

코로나 시대에
가장 필요한 믿음

코로나 시대에
가장 필요한 믿음은
버팀의 믿음이다. 버텨야 이긴다.

변화되는 믿음의 생태계에서
믿음을 유지해야만 한다.

'버팀'은 단단함을 떠오르게 하지만
버티려면 유연해야 한다.

서핑보드에서
버티려면 유연해야 한다.
꼿꼿하면 빠진다.
강풍에 단단한 나무는 쓰러져도
유연한 갈대는 쓰러지지 않는다.

온라인 영상 예배,
개인적 비대면 신앙생활,

가정에서의 신앙교육으로
믿음의 형태가 바뀌었다.

이런 변화에 유연해야 버틴다.
꼿꼿하면 쓰러진다.

유연함을 위해서는 단단함이 필요하다.
단단하게 땅을 붙잡지 않은 갈대는
바람에 쉽게 날아간다.

변화되는 상황일수록
하나님을 단단하게 붙잡지 않으면
온라인과 개인적 신앙생활이
나태해지고 게을러질 수밖에 없다.

버팀을 위해선 'But Him'이 필요하다.

언제 끝날지 몰라서 더 힘든 코로나 시대,

잘 버텨내야 한다. 버팀은 승리한다.

그리스도인의 모습을 버텨내야
그리스도로 승리할 수 있다.

새로운 믿음의 생태계에서
그리스도인으로서
더 기도하고 더 간절히 예배드리고
더 사랑하고 더 선을 행해야 한다.

믿음을 버텨내야
믿음으로 버틸 수 있다.

하나님의 모습으로
만들어진 이유

장갑은 왜 손 모양으로 만들어졌을까?
손이 들어가기 위해서다.
그래서 장갑은 최대한 손의 모습에 가까워야 한다.

사람은 어떤 모양으로 만들어졌을까?

하나님의 형상대로
사람을 창조하시되 창 1:27

하나님의 형상대로 만들어졌다.
왜 그렇게 만드셨을까?

하나님이 들어오시기 위해서다.

우리를 버리지 않으시고
일상과 마음과 관계와 일과 상처와
삶의 모든 터전에 들어오시기 위해서다.

그래서 죄로 오염되고 욕심으로 훼손된 삶을
하나님의 모습으로 회복해야 한다.

하나님처럼 거룩하고, 하나님처럼 선하고,
하나님처럼 사랑해야 한다.

장갑은 손이 들어가기 전까지 아무것도 못 한다.
손이 들어가는 순간 물건을 들 수 있고
방향을 가리키고 서로의 손을 잡을 수 있게 된다.
장갑에 없는 힘과 능력이 손에 있기 때문이다.

그래서 목장갑은 건물을 짓고,
고무장갑은 집안일을 하고,
라텍스장갑은 수술을 할 수 있게 된다.
각각의 지음받은 목적을 이루게 된다.

하나님은 우리가 그분과
같은 생각, 같은 마음, 같은 모습으로

살기를 바라신다.
우리와 같이 살기를 원하시기 때문이다.

힘들고 지친 일상 속으로,
흔들리고 넘어지는 믿음의 여정 속으로,
삶의 모든 순간 속으로 들어오셔서
우리와 함께 살며 힘을 주시고,
꿈을 이루게 하시고,
하나님나라에서 살기를 원하시기 때문이다.

하나님 담음은
하나님 닮음으로 이룬다.

닮을수록 담아지고
담을수록 닮아진다.

남들보다 덜 가졌다고
느껴질 때

한 농부가 길에 쓰러진 청년을 발견하고 정성껏 돌봐주었다.
건강해진 청년은 은혜를 갚겠다는 말을 남기고 떠났다.

어느 날 농부는 왕의 초대를 받는다.
그 청년이 왕자였던 것이다.

"소원 하나만 말해보아라."
아들을 구해준 농부에게 왕이 말한다.

"매년 한 달씩 왕자님이
저희 집에 오셨으면 합니다."

조금 이상한 소원이지만
약속대로 왕은 왕자를 매년 한 달씩
농부의 집에 보냈다.

왕자가 갈 때마다 왕은 왕자의 안전을 위해
왕의 군사들에게 농부의 집을 지키게 했고,

왕자의 음식을 위해 왕궁 요리사를 보냈고,
왕자에게 맞춰 침실, 화장실, 거실, 마당,
집의 구석구석을 왕궁처럼 고쳐주었다.

농부는 왕자만을 초대했지만,
그의 집은 왕자가 사는 궁처럼 변해갔다.

더 나은 삶을 위해 열심히 살지만
내 능력으로는 더 선해질 수 없고,
내 의지로는 더 의로워질 수 없다.
내 노력으로 구원을 이룰 수 없고,
내 소유로 하나님나라에 들어갈 수 없다.

하지만 초막과 같은 삶도
예수님을 모신다면 하나님나라다.
예수님이 모든 것이 되어주시기 때문이다.

삭개오 집 안에 예수님이 들어오셨다.

풍랑 만난 배 안에 예수님이 들어오셨다.
두려움에 문을 닫은 제자들의 집 안에
부활한 예수님이 들어오셨다.
그곳은 세상이 줄 수 없는 것들로 가득해졌다.

그 무엇보다 집중해야 하는 것은
예수님이 내 삶에 왕으로
들어오시는 것이다.

예수를 모시면
하늘의 것이 내 것이 된다.

하늘의 영광, 하늘의 능력,
하늘의 평안, 하늘의 사랑,
하늘의 계획, 하늘의 소망.

땅에서 하늘을 살자.

더 잘하고 싶을 때
하시는 말씀

일과 관계에서 더 잘하려면
전혀 다른 내가 되어야 한다.

싫은데 해야 하고,
못하는데 해야 하고,
힘들어도 안 힘들어하고,
안 듣고 싶어도
들어야 하는 사람이 되어야 한다.

요구되는 모습과
원래 내 모습의 다름의 간격만큼
긴장과 참음으로 채우게 되고
일보다 그런 내가 되는 에너지가 더 크다.

"힘을 주세요!"
이때 우리가 하는 기도다.

남편으로, 목사로, 그리스도인으로
더 잘할 수 있게 해달라고 기도했다.
내 모습으로는 너무 부족했다.
아무리 기도해도 마음이 무거웠다.

한참 후 물밀듯이 말씀하셨고
평안과 힘으로 가득 찼다.

"먼저 나의 자녀가 되렴."

맡겨진 많은 역할과 일들 앞에서
더 빈틈없고 완벽하고 싶을 때가 있다.

하나님은 더 잘하려고 하지 말고
모든 일들 속에서, 모든 관계 안에서,
요구되는 모습이 아닌 하나님의 자녀로
온전하게 서 있으라고 하신다.
하나님의 자녀는 모든 것을 할 수 있기 때문이다.

완전함은 하나님과의
온전한 관계로 완성된다.

하나님이 들으시고
들어주시는 기도는

하나님은 맡기는 기도를 들으신다.
문제를 맡기고, 방법까지 맡기고,
결과조차 맡겨야 한다.

문제를 맡길 때, 기도를 들으시고
방법을 맡길 때, 기도를 들어주시고
결과를 맡길 때, 계획을 들려주신다.

가장 선한 계획은
하나님이 맡고 있기 때문이다.

내 믿음의 수준을
알고 싶다면 봐야 하는 글

현재의 상태가 최소량으로 결정된다는
'리비히 최소량의 법칙'이 있다.

1미터의 항아리에
높이 50센티미터의 구멍이 있다면,
아무리 물을 부어도
50센티미터까지 채울 수 있다.

모든 학점이 A라 해도
필수 한 과목이 F면 졸업할 수 없다.

99퍼센트 순수한 물인데
1퍼센트 독이 들어갔다면 그건 독이다.

아무리 성경을 많이 알아도
행함이 없다면 믿음은 거기까지다.
아무리 기도를 많이 해도
거룩이 없다면 믿음은 거기까지다.

아무리 신학을 많이 알아도
사랑이 없다면 믿음은 거기까지다.

헌금을 많이 해도, 신앙 경력이 오래여도,
예배를 빠지지 않아도, 헌신을 많이 해도,
선을 행하지 않는다면, 죄를 짓는다면
내 믿음은 거기까지다.

내가 예언하는 능력이 있어
모든 비밀과 모든 지식을 알고
또 산을 옮길 만한 모든 믿음이 있을지라도
사랑이 없으면 내가 아무 것도 아니요 고전 13:2

다 알아도 다 있어도
다하지 않으면 다가 아니다.

그래서 늘 겸손해야 하고
믿음의 완전을 향해서 멈추지 않아야 한다.

낮아짐이 가장 높은 믿음이고,
겸손함이 가장 깊은 믿음이며,
천해짐이 가장 귀한 믿음이다.

주여 나는 아니지요 마 26:22

유다의 배신을 예언하실 때 제자들은
모두 자기는 그 정도는 아니라고 했다.

다 예수를 버리고 도망하니라 마 26:56

하지만 예수님이 잡히셨을 때,
똑같이 다 배신했다.

믿음은 최소량의 법칙으로 결정된다.

약함이
유익이 되는 법

나무가 타는점 470도.
고무가 타는점 350도.
종이가 타는점 250도.

타는점이 낮을수록
쉽게 불이 붙는다.

우리는 더 화려한 설교,
강한 사운드의 찬양,
많은 이가 모이는 예배,
더 자극적이고 더 재미있고
더 좋은 것을 주는 교회에서만
은혜와 감동을 받을 때가 있다.

타는점이 너무 높다.

낮은 자가 되면
평범한 예배에도,

소소한 악기로 드리는 찬양에도,
짧은 분반 시간이나 소그룹 모임에서도,
특별할 것 없는 일상에서도,
큰 은혜를 받을 수 있고
큰 감사를 드릴 수 있다.

그래서 하나님은
연약함을 허락하실 때가 있다.
무너지라는 것이 아니라
낮아지라는 것이다.

장작에 불을 붙일 때,
종이나 낙엽에 먼저 불을 붙인 후
나무에 옮겨 붙인다.

하나님은 종이처럼
구겨지기 쉬운 우리의 단점과 연약함,
낮은 모습을 통해 만나시고

장작처럼 단단한 장점을 사용하시는 분이다.

하나님을 만난 모세는
이집트 왕자가 아닌 광야의 도망자였다.
그리고 왕 같은 리더가 되었다.

낮아질수록 은혜는 커진다.

우리가 기도할 것은
약함이 강함 되는 것이 아니다.

약함이
낮아짐 되는 것이다.

결과가
두려울 때

공포영화를
가장 두려워하지 않는 사람은
그 영화의 끝을 본 사람이다.
끝에 서 있는 사람은
결과에 대한 두려움이 없다.

인생의 끝은 하나님나라다.
그래서 이미 임한 하나님나라에 사는
사람은 결과에 대한 두려움이 없다.

하나님나라에 살면
모든 결과가 과정이 되기 때문이다.

베드로의 부인은 결말이 아니었다.
제자됨의 과정이었다.
이스라엘의 광야는 결말이 아니었다.
가나안의 과정이었다.

38년 된 병자의 병은 결말이 아니었다.
회복됨의 과정이었다.
예수님의 죽음은 결말이 아니었다.
부활의 과정이었다.

고난과 아픔과 상처와 실패가
결말이 될 것 같아 두려울 때가 있다.
외로움과 열등감과 불안함이
끝나지 않을 것 같아 힘겨워한다.

하지만 하나님은
모든 결과를 없애셨다.
모든 순간은 하나님의 계획이
완성되어가는 과정이다.

골리앗 같은 큰 문제를 앞에 두고
결과를 두려워하고 있다면,

다윗에게 골리앗은
왕이 되는 과정이었음을 기억하자.

망친 시험은 끝이 아니다.
끝난 이별도 끝이 아니다.
졸업은 또 다른 시작이다.
죄인의 결말은 죽음이었지만
하나님의 사랑으로
죽음조차 영생의 과정이 되었다.

끝나지 않는 하나님의 사랑이
모든 결과를
끝나지 않는 과정이 되게 하셨다.

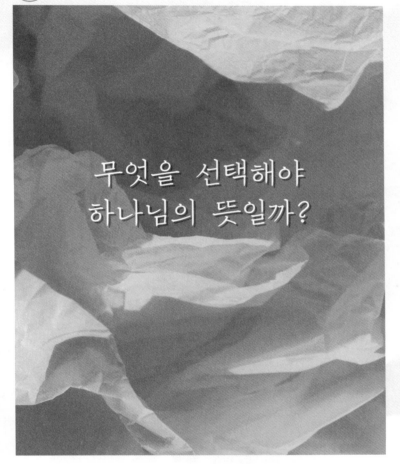

무엇을 선택해야
하나님의 뜻일까?

한 시인이 수능에 나온
자기 작품 문제를 풀었는데
시인의 의도를 묻는 문제를 틀리게 된다.
시인이 틀렸다면 문제가 틀린 것이다.

하나님의 뜻이라 여기고 착각할 때가 많다.
하나님의 의도와 뜻을 제대로 알아야 한다.

그럼 내 미래에 대해
하나님은 어떤 뜻을 갖고 계실까?
어떤 선택을 해야 하나님이 기뻐하실까?
어떤 곳이 하나님이 예비하신 곳일까?
어디를 선택하는 것이 하나님의 뜻일까?

우리는 하나님의 뜻이 아니라
하나님을 위해 살아야 한다.

어떤 선택을 하든 어디에 있든
그 자리에서 하나님을 위해 사는 것이
하나님의 뜻이기 때문이다.

현재 삶의 자리에서
하나님을 바라보고
하나님을 보여주는 것이
하나님을 위해 사는 것이다.

하나님은 우리가 하는 일이
아니라 '우리'를 쓰신다.
어떤 일을 하고 있는지,
얼마나 큰일을 하고 있는지는
중요하지 않다.

하나님 앞에서 내가
어떤 사람인지에 집중해야 한다.

이 믿음으로 살면 어떤 선택을 하든

하나님의 뜻을 이루는 사람이다.

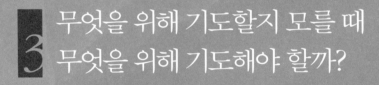

3 무엇을 위해 기도할지 모를 때 무엇을 위해 기도해야 할까?

이렇게 기도를 끝내도 되는 걸까?

썩은
복숭아 이야기

사둔 것을 잊은 복숭아가
검은 봉지에서 열심히 썩고 있었다.
버려야만 했다.

불을 꺼서 눈을 가리고
마스크로 코를 막았지만
물컹함의 불쾌함은 어쩔 수 없었다.
그 순간 이렇게 혐오스러운
썩은 복숭아가 내 모습 같았다.

처음 지음 받았을 때는
빛도 나고 향기도 났을 텐데.

첫사랑이 썩었고, 성품이 썩었고,
순수함도 썩었고, 열정도 썩었다.

내가 무슨 하나님의 자녀인가.

그때 핸드폰으로 틀어 놓은
찬양의 가사가 귀에 들어왔다.

너의 모습 그대로 사랑해 사랑해
너는 검다 하지만 나에겐 아름답단다
너는 나의 전부란다 널 위해 날 주었단다

검으나 아름답다, 김도현, 작사/곡 커피소년

나는 썩은 복숭아를
혐오스러워하며 버리려고 하는데
하나님은 이런 내 모습 그대로를 사랑하신다니.

그리고 온전한 모습도 아니고
썩은 모습을 위해 죽으셨다니.
말이 안 됐다. 복숭아를 치우다가 눈물이 났다.

그런데 결국 그 썩은 복숭아는 버려졌다.
하나님께 물었다.

"하나님, 썩어버린 모습도 아름답다고는 하지만,
어쨌든 복숭아는 버려졌잖아요,
썩은 복숭아는 아무 쓸모가 없잖아요."

하나님이 환상처럼
음식물 쓰레기통 안을 보게 하셨다.
그리고 썩어버린 복숭아 과실 안을 보게 하셨다.
그 안에 씨앗이 있었다.

"썩어서 검게 변한 복숭아지만
아직 그 안에 씨앗이 있단다.
그리고 그 씨앗에는 아직 생명이 있어.
겉으로 드러나는 너의 모습이
비록 부족하고 나약하고 내세울 것 없어도
나는 네 안에 있는 씨앗을 보고 있어.
그 씨앗에 생명이 있다면
넌 나에게 새롭게 쓰임 받게 될 거야."

"하나님 그 씨앗이 뭐예요?"

"그 씨앗은 바로 나를 향한 너의 믿음이야"

피부는 썩었지만
그 안에 믿음이 있던 나병환자.

예수님은 아무도 만지지 않았던
그의 썩은 피부를 만지셨다.
그리고 그는 나음을 얻었다.
예수님께 그는 사랑스러웠다.

썩은 복숭아,
쓰레기통이 아니라 땅에 심으면 싹이 돋고
나무로 자라서 더 많은 열매를 맺게 된다.

믿음은 씨앗이다.
내 모습이 어떠하든지

내 안에 하나님을 향한 믿음이 있다면,
그리고 하나님 안에 심어진다면
우리는 변할 수 있다.

땅에서 썩어서
처음 거름 역할을 하는 건 과실이다.

우리의 약하고 내세울 것 없는 그 모습이
열매의 첫 거름이고 첫걸음이다.

가장 좋은
전도

성경을 읽어준다.

삶으로.

213

하나님이
존재하신다는 증거

볼 수 있다는 것은
빛이 있다는 증거다.
숨 쉴 수 있다는 것은
공기가 있다는 증거다.
생명이 있다는 것은
하나님이 계시다는 증거다.

오늘을 살 수 있는 것은
하나님께 생명을 받았기 때문이다.

삶은 생명이라는 도화지에
기쁨, 슬픔, 축복, 고난이라는 물감을 찍어
하나님의 사랑과 은혜로
그리신 아름다운 작품이다.

하나님의 존재하심이 의심될 때,
누군가 그분의 존재를 의심할 때,
아름답게 변화된 내 삶이 증거가 되게 하자.

그림이 있다는 것은
화가가 있다는 것이다.

조급하다면
꼭 봐야 하는 글

혼자 노래할 땐 잘하는데
누구 앞에 서면 못 하는 이유,
집에서 대충 머리 묶을 땐 예쁜데
신경 써서 묶으면 마음에 안 드는 이유는
"더 잘해야 돼, 실수하면 안 돼"라는
조급함 때문이다.

조급하면 원래 실력이 발휘되지 않는다.
그래서 여유를 가져야 한다.

부자의 진짜 무기는 돈이 아니다.
돈 걱정할 시간에
다른 것을 할 수 있는 여유다.
경험 많은 자의 무기도 경험이 아니라 여유다.

그래서 삶의 승부는
재력과 능력이 아니라 여유에서 난다.
가진 것이 없어도, 작고 연약해도

여유는 세상을 이기고 위기를 이기게 한다.

잘난 사람이 여유 있는 것이 아니라
여유 있는 사람이 잘난 것이다.

여유를 갖는 방법은
가장 여유로우신 분을 의지하는 것이다.

예수님은 폭풍을 만난 배에서 주무셨다.
병든 나사로를 고치러 가는 길에
이틀이나 다른 곳에 머무셨다.

이렇게 여유를 부리신 이유는
폭풍을 이기고 죽음을 이기는 능력을
여유롭게 소유하셨기 때문이다.

홍해를 만난 모세는 다른 길을 찾거나,
헤엄칠 준비를 해야 하는 급한 상황에서

"가만히 서서 하나님을 보라" 하며 여유를 부렸다.
그리고 홍해는 갈라졌다.

골리앗은 이스라엘 앞에서 여유를 부렸다.
자기가 훨씬 강하다는 것을 믿었기 때문이다.
하지만 다윗은 더 여유로웠다.
거인을 상대로 돌멩이를 들고 갔다.
그리고 골리앗을 쓰러뜨렸다.

하나님의 여유 있는 능력을 믿었기 때문이다.

'실패하지 않을까?'
'뒤처지지 않을까?'
'다 이루지 못할까?'

삶의 위기 때문에 조급하다면,
여유로운 하나님을 신뢰하자.

여유로운 능력을 소유한 하나님은
우리의 실패로도 역사하시고,
여유로운 사랑을 소유한 하나님은
우리의 연약함을 도우신다.

그래서 우리는 여유로워도 된다.

여유는
하나님이 주시는 최고의 선물이다.

빨래 널다가
하나님 만난 이야기

다 말라 있는데 하나만 안 말랐다.
다른 빨래는 쫙 펴서 널었는데
수건 하나만 접힌 상태로 놓여 있었다.

햇빛이 쨍쨍해도
꼬깃꼬깃 접힌 빨래는 마르지 않는다.

약점은 수분과 같다.
햇빛이나 바람에 노출되면 증발되듯
노출시킬수록 사라진다.

얼음을 빨리 녹이려면 깨야 한다.
빨래를 빨리 말리려면 펴야 한다.
나무를 빨리 태우려면 쪼개야 한다.
노출되는 표면적이 넓을수록
빨리 녹고 빨리 마르고 빨리 탄다.

빛 되신 하나님께 보여드리는
삶의 표면적이 넓을수록
어두움과 연약함은 더 빨리 증발된다.

나의 소원만 노출시키지 말고
나의 죄와 연약함과 부족함과
부끄러움을 활짝 펴놔야 한다.

덜 마른 빨래를 계속 두면
냄새와 곰팡이만 많아지듯
노출이 안 된 죄와 약함은
독이 될 수밖에 없다.

교회 중고등부 아이들이
다리는 짧고 허리는 길다고 놀릴 때가 있다.

그때마다 "허리라도 길어서
이 정도까지 큰 거야"라고 한다.

긴 허리 덕분에 키도 더 크고
아이들과 장난치며 웃을 수 있어서
긴 허리에게 고맙다.

드러낸 약점은 강점이 된다.

바디매오는 장애를 통해
하나님을 만났고,
어부 베드로는 실패를 통해
하나님을 만났다.

혈루증 여인은 12년의
아픔을 통해,
욥은 고난을 통해,
여호사밧은 불리한 전쟁을 통해,
삭개오는 작은 키를 통해
하나님을 만났다.

모두 약점을 드러냈고
하나님을 만나 강점이 되었다.

눈을 떴고, 제자가 되었고,
병을 이겼고, 더 큰 복을 받았고,
승리했고, 삶이 변화되었다.

햇빛에 노출된 꽃봉오리가 꽃을 피운다.
숨겨 두어서 약점이다.
드러내면 강점이 된다.

빨아서 깨끗해졌다면
활짝 펴서 말려야 한다.

보혈로 깨끗해졌다면
모든 삶이 하나님께
활짝 노출되어야 한다.

잘 마른 수건이 쓰임 받는다.

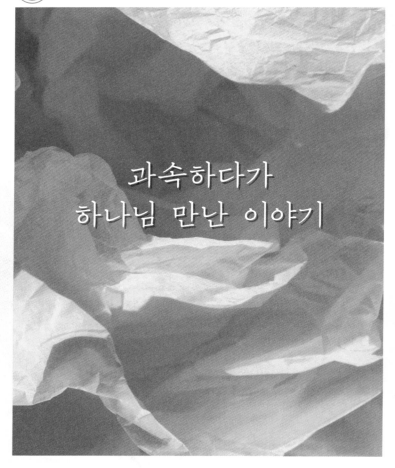

과속하다가
하나님 만난 이야기

고속도로에서 느린 차들을 추월하며
'내가 여기에서 제일 빨라'라고
정신승리 중이었다.

갑자기 '붕--붕--붕-' 하며
세 대의 차가 매정할 만큼
가볍게 나를 추월했다.
포르쉐, 람보르기니, 페라리였다.
추월을 당하며 인생의 축소판을 느꼈다.

나름 열심히 살고, 최선을 다해도
나보다 더 가졌고, 더 능력 많고,
타고난 환경과 스펙을 가진 사람을
이길 수 없다는 허탈감이 들었다.

그런데 갑자기 차들의 속도가 확 줄었다.
과속카메라를 만난 것이다.

아무리 비싼 차도, 빠른 차도
과속카메라 앞에서는 무조건 속도를 줄여야 한다.

하나님 앞에서는 잘났든 못났든,
많이 가졌든 못 가졌든 다 똑같다.
멈추라고 하시면 멈춰야 하고,
천천히 가라 하시면 천천히 가야 한다.

빨리 가는 것보다
하나님과 함께 가는 것이 중요하다.

느린 것 같고 돌아가는 것 같아도
하나님의 법을 잘 따른다면
말씀의 선을 넘지 않는다면
결국, 내 꿈을 이루는 자리에 갈 수 있다.

하나님보다 앞서지 않아야 한다.
하나님이 정하신 선을 넘지 않아야 한다.

선을 지킬 때,

선한 계획이 이루어진다.

달라고 떼써도
부끄럽지 않은 기도

목사로서 주일을 앞두고
이런 것을 위해 기도했다.

"주님의 마음을 주세요."
"설교 잘하게 해주세요."
"예배 인도 잘하게 해주세요."

내가 드러나고 싶어서
드리는 기도가 아닐까?

염치없고 부끄러워
기도를 멈출 수밖에 없었다.

그때 계속 달라고 떼쓰고
구하고 구해도
부끄럽지 않은 기도를 생각나게 하셨다.

맡고 있는 중고등부 아이들을 위한 기도였다.

공부로 지쳐 있는 아이들에게 은혜 주시길.
상처 있는 아이들에게 위로를 주시길.
예배를 통해 온전히 회복되는 아이들 되길.
가정에 평화와 믿음을 주시길.
친구 관계에 추억과 행복을 주시길.

설교를 안 틀리는 것보다
이 기도가 더 목사답다.

타인을 위해 중보했더니,
기도에서 내가 빠졌더니,
하나님과 같은 마음을 품었더니,
부끄러움 없이 기도할 수 있었다.

하나님은 가족을 위해, 성도를 위해,
친구를 위해 간절히 기도하고,
그들은 나를 위해 기도하는 것을
얼마나 꿈꾸고 계실까.

사랑을 품은 기도는
하나님을 더욱 당당히 대면하게 한다.

성경을 읽는 것보다
중요한 것

믿는 자로서 의무감으로 하는
성경 읽기보다 중요한 것은
나를 통해 성경이 읽혀지는 것이다.

그리스도인의 의무는
성경 읽기가 아니라
성경대로 사는 것이기 때문이다.

그러기 위해서
먼저 성경을 읽은 후
성경으로 나를 읽어야 한다.

말씀의 기준에서
믿음의 수준을 돌아보고
말씀과 믿음의 일치를 위해 변하는 것이다.

성경 읽기는
성경 통독을 위함이 아니다.

성경적 삶을 위함이다.

가장 좋은 성경 읽기는
성경으로 삶을 읽고
삶으로 성경을 읽어주는 것이다.

성경을 익히고
성경이 읽히는
성스럽고 경건한 삶.

하나님이 성경을 주신 유일한 이유다.

이렇게 기도를
끝내도 되는 걸까?

기도를 오래 했는데도
'아직 못한 말이 있는 것 같은데.'
'아직 회개 못 한 죄가 있는 것 같은데.'
'아직 더 채워질 것들이 있는 것 같은데.'

이런 생각들로
기도 마치기가 석연치 않을 때가 있다.

조금 더 오래 해볼까?
조금 더 앉아 있어볼까?

불완전한 기도를
드린 것 같은 느낌이 들기 때문이다.

하지만 이런 이유로
일상에서 온종일 하나님과
소통하기를 다짐할 수 있다면
그것으로 그 기도는 충분히 온전하다.

기도의 목적은 더 많이 전달하고
더 많이 전달받는 것이 아니라
하나님과 더 깊어지는 것이기 때문이다.

깊음이 많음보다 더 많이 중요하다.

예수님은 믿음을
가르친 적이 없다

바르게 사는 법을 가르치셨다.

말씀이 교회의 선을 넘어

가정에,
직장에,
학교에,
일상에,
고난에,
상처에,
죄악에 흘러가

삶이 온통 하나님의 뜻으로 물들어
닿는 곳마다 주의 사랑을
잔뜩 묻히며 살아가길 원하신다.

그가 가르치신 대로
사는 것이 믿음의 전부다.

사실 밥 안 먹어도
배부를 때

성도들이 자녀 때문에
한 턱 쏘실 때가 있다.

자녀가 대기업에 취업해서,
박사 학위 받아서,
좋은 대학 합격해서,
결혼하게 되어서.

하나님 은혜에 감사하고
기도해준 목사에게 감사하고
함께 기념하고 축하하고 싶은 마음 때문이고
진심으로 축하하며 감사하며 맛있게 먹는다.

그런데 아직 자녀가

처음으로 주기도문 외워서,
처음으로 친구를 전도해서,
처음으로 스스로 기도해서,

오랜만에 교회를 나가서,
오랜만에 예배 지각을 안 해서,
처음으로 신앙 서적을 읽어서,
처음으로 수련회를 참여해서,
두 번 연속 수련회를 참여해서,

한 턱 쏘시는 분은 못 봤다.

사실 한 턱 안 쏘셔도 되니까
그 무엇보다 그것을
가장 기뻐한다면 안 먹어도 배부르다.

세상의 성공보다 신앙의 성장을
진심으로 기뻐하는 교회와 가정이
더욱 많아지면 좋겠다.

하나님은 사명을
준 적이 없다

하나님이 원하시는 것은
사명의 완성이 아니라 사랑의 완성이다.

맡은 역할의 완벽만을
좇다보면 사랑을 놓친다.

성직자, 성도, 집사, 권사, 장로,
교사, 찬양, 셀리더, 임원단.

각자의 자리를 주신 이유는
잘하라는 것이 아니라
그 자리에서 사랑하라는 것이다.

사랑이 사명이기 때문이다.

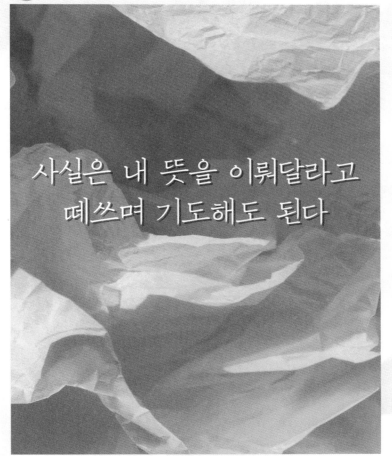

사실은 내 뜻을 이뤄달라고
떼쓰며 기도해도 된다

실망만 하지 않는다면.

하나님의 선하신 뜻이 이뤄지길 바라며
순종을 고백해야 한다고 믿어왔다.

그래서 내 뜻을 구하게 될 때마다
'왜 또 어리석은 욕심을 구할까?' 하며
믿음 없음을 부끄러워할 때가 있다.

하지만 주지 않으심에 실망하지 않고
들어주지 않으심에 원망하지 않는다면,
내 뜻을 이뤄달라고 떼쓰는 것도
하나님과 가까워지는 좋은 방법이다.

실망만 하지 않는다면
들어주심은 감사의 훈련이 되고
안 들어주심은 순종의 연습이 되기 때문이다.

하나님의 선하심을 변함없이
신뢰할 수 있는 믿음이 있다면,

얼마든지 구하고 두드려도 된다.

범사에
감사하는 법

감사는 무엇인가를
받았을 때만 할 수 있다.
도움을 받거나, 마음을 받거나,
선물을 받을 때 감사할 수 있다.

그런데 '받다'의 반대말은
'주다'가 아니라 '내가 만들다'이다.

직접 만들 수 있다면
받을 필요도 없고
구할 필요도 없기 때문이다.

가진 것 중에 만든 것이 있을까?
우리는 시간을 만들 수 없다.
우리는 생명도 만들 수 없다.
건강을 만들 수 없고, 재능을 만들 수 없다.
오늘을 만들 수 없고, 내일도 만들 수 없다.

만든 것이 전혀 없다.
만들지 않았다면 모두 받은 것이다.

돈을 벌어서 차를 샀다면 내 것일까?
돈을 벌기 위해서는
시간, 생명, 건강, 재능이 있어야 하는데
모두 내가 만든 것이 아니다.

그럼 돈을 버는 것도,
그 돈으로 산 것도 받은 것이다.

사람과 사람 사이, 나라와 나라 사이에
갈등이 일어나는 이유는 소유권 때문이다.
하나님과 사람 사이의 갈등도
소유권 때문에 일어난다.

내 돈은 내 것이고,
내 꿈은 내 것이고,

내 인생도 내 것이고,
내 자녀도 내 것이라서

내 뜻과 내 계획대로 이루어져야 한다고
하나님께 소유권을 주장할 때,
내 삶의 주인은 이미
하나님에서 나로 바뀌어 있고
내가 주인인 삶에는 감사가 없다.

모든 것을 만들 수 있어서
받을 필요가 없는 하나님은
우리에게 주기만 하신다.

생명을 주셨고,
사랑을 주셨고,
은혜를 주셨고,
말씀을 주셨고,
모든 것을 다 주셨다.

이제 그분께 감사를 드리자.

모든 것을 받았기 때문에
모든 것에 감사할 수 있다.

당장 좋은 믿음을
갖는 방법

현재 세계 10대 기업은
애플, 구글, MS 등 IT 기업이 대부분이다.
그런데 10년 전 애플은 337위였고,
10년 전 7위였던 ING는 현재 200위 정도다.

수치보다 중요한 건 추세다.
현재 수치의 절대량이 아무리 높아도
오르고 있는가, 내려가고 있는가를
보는 것이 더 중요하다.
퍼센트보다 트렌드가 더 중요하다.

좋은 믿음을 수치로 평가할 때가 많다.
기도 몇 시간, 예배 몇 번, 성도 몇 명,
교사 몇 년, 신앙생활 몇 년, 헌금 얼마.

그런데 믿음은 퍼센트가 아니라 트렌드다.
아무리 믿음생활을 열심히 해도,
찬양단도 하고 교사도 하고

기도도 열심히 하고 예배 열심히 드리고
교회에서 손꼽히는 성도 10위에 들어도,
높은 직분, 높은 임원을 하고 있어도,
헌신과 순종과 사랑과 감사의 트렌드가
내려가고 있다면 좋은 믿음이 아니다.

하지만 믿음이 연약해도,
교회 다닌 지 얼마 안 됐어도,
다 믿어지지 않아도, 성경을 다 몰라도,
믿음이 흔들리고 있어도
자신의 믿음 없음을 부끄러워하며
때로는 자책하고 고민하며
하나님께 겸손하게 나아가고 있다면,

어제보다 더 믿으려고 한다면,
어제보다 더 회개하려고 한다면,
어제보다 더 감사함에 치열하다면,
어제보다 좋아지고 있는 믿음이라면

가장 좋은 믿음이다.

예수님은 퍼센트가 아니라
트렌드를 믿음 삼아 보셨다.

예수님 보려고 돌무화과나무에 오른 삭개오.
예수님과 함께 십자가에 달린 오른쪽 죄수.

퍼센트로 보면 형편없었지만
믿음의 트렌드는 오르고 있었다.
그 모습을 보시고 그들을 구원하셨다.

믿음 평가의 기준은
좋은 믿음, 안 좋은 믿음이 아니다.
좋아지고 있는 믿음인가,
안 좋아지고 있는 믿음인가이다.

큰 'all' 보다 작은 'more'를
더 큰 믿음이라 하신다.

3,000만큼 사랑하지 않아도
3, 4, 5, 6, 7,….
조금씩 전진하는 것이
더 좋은 믿음이다.

좋은 믿음보다 더 좋은 믿음은
좋아지고 있는 믿음이기 때문이다.

아직 어려서 잘 모르고
아직 믿음 없어서 잘못해도 괜찮다.

다 고백 못 해도 더 고백한다면,
다 표현 못 해도 더 표현한다면,
다 닮지 못 해도 더 닮아간다면,
다 알 수 없어도 더 알아 간다면,

261

당신은 하나님께 가장 큰 기쁨이다.

왜냐하면 하나님은
우리의 모습이 어떠하든지
100퍼센트 사랑하시기 때문이다.

트렌드에 뒤처지지 않는
믿음을 가져야 한다.

믿음은 퍼센트가 아니라
트렌드이기 때문이다.

**하나님은 '다'보다 '더'를
더 크게 보신다.**

힘든 일이 한꺼번에
몰려오는 이유

한 번 힘든 일이 생기면
파도처럼 힘든 일이 계속 찾아온다.

그런데 이건 착각이다.
평소와 똑같은 일이지만
버티지 못하는 것뿐이다.

살을 베이고 나면 살짝 닿아도 아픈 것처럼
처음 온 힘든 일이 의지력에 금을 냈고
그 후에 작은 일도 버티기가 어려워진 것이다.

이때는 하나님 찾기도 힘들다.
힘든 일에 매몰되기도 하고
기도할 의지도 사라지기 때문이다.

그런데 은혜도 똑같다.
은혜를 받으면 파도처럼
모든 일이 다 은혜로 다가온다.

그래서 힘든 일을
은혜로 전환시키는 것이 중요하다.

어떻게 전환점을 가질 수 있을까?

예배, 기도, 찬양, 성경.
뭐든 좋다.
믿음을 영혼까지 끌어모아서
은혜의 자리로 나아가
덩그러니 나앉아 있다보면
무선 충전되듯 은혜로 채워진다.

무너진 의지력, 무너진 믿음에
벽돌 하나만 세워 놓으면,
주춧돌 하나만 얹어 두면
나머지는 하나님이 물밀듯 은혜로
채우셔서 평안케 하신다.

그리고 다시 모든 일이
은혜로 해석되는
놀라운 은혜를 맛보게 된다.

그리고 하나님을 더 의지하고
하는 일에 더 노력하라는 등의
이 상황에 담긴 하나님의 뜻이
흐릿함에서 선명함으로 드러나기 시작한다.
이것 또한 은혜다.

힘든 일은 어쩌면 하나님께 빨리 더 깊이
들어오라는 하나님의 신호일지도 모른다.
하나님께 멀어져 있었음을 알리는
하나님의 시그널일지도 모른다.

이때를 위해 나에게 힘을 줄 수 있는,
버튼 누르듯 은혜로 전환 되게 하는
찬양과 성경 구절 등이 있으면 좋다.

개인적으로 나의 버튼은
'아무것도 두려워 말라'라는 찬양과
시편 3편의 말씀, 그리고 감사 기도다.

힘든 일 속에서도
은혜를 발견할 수 있는
은혜가 있다.

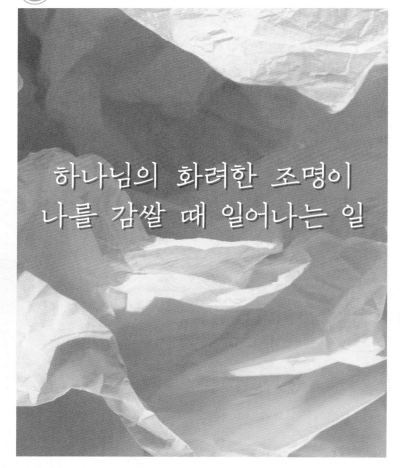

하나님의 화려한 조명이
나를 감쌀 때 일어나는 일

최고의 전도자 바울은
최고의 박해자로 살았었다.
그런데 그리스도인들을 잡으러 가던
어느 날 화려한 빛이 바울을 감쌌다.

홀연히 하늘로부터 빛이
그를 둘러 비추는지라 행 9:3

그렇게 하나님을 만났고
박해자가 아닌 전도자라는
그분의 놀라운 계획이 드러났다.

먹구름이 잔뜩 낀 날
그 구름 위로 올라가면
하늘은 여전히 맑고 파랗다.

우리를 향한 하나님의 놀라운 계획이 있다.

현재의 상황과 과거의 상처라는
먹구름에 가려져 있을 뿐이다.

빛 되신 하나님께 나아갈 때
구름이 걷히고
가려져 있던 가능성이 드러날 것이다.

아무리 색이 선명해도
빛이 없으면 보이지 않는다.

찬란한 하나님의
사랑과 은혜와 자비가 나를 감쌀 때,
하나님의 계획으로 칠해진
선명한 가능성과 꿈이 보일 것이다.

우리는 충분히
가능성을 찾을 가능성이 있다.

.

하나님께
가장 감사한 것

감사하지 못할 상황에서도
감사할 수 있는 마음을
갖게 하시니 감사합니다.

절망 속 감사는 어둠 속 빛입니다.

풍랑이 이는 상황에
감사로 그물을 던져
평안과 자유와 영광으로
마음이 터질 듯 고요합니다.

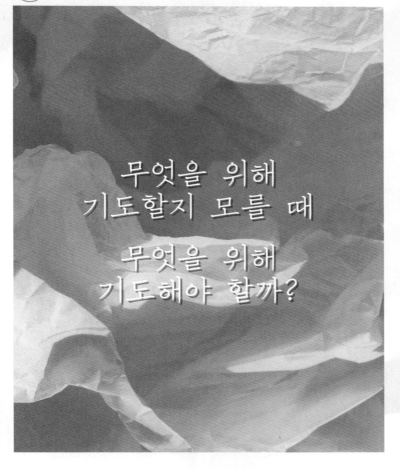

무엇을 위해
기도할지 모를 때

무엇을 위해
기도해야 할까?

새벽에 기도하는데
갑자기 말문이 막혔다.

'이 기도가 내 욕심은 아닐까?'
'이 기도가 하나님의 뜻이 아니면 어쩌지?'
'난 무엇을 위해 기도하고 있지?'라는 생각 때문이었다.

한참 동안 앉아만 있는데
가장 좋은 기도 제목이 생각나게 하셨다.

하나님 앞에서
낮아지는 것이었다.

아무것도 아님을,
아무것도 없음을,
아무것도 못함을,
아무것도 모름을,
너무 작은 자임을,

너무 큰 죄인임을
고백하게 하셨다.

낮아졌더니 위로부터 흘러오는
평안의 은혜가 잠길 듯 채워졌다.

물이 낮은 곳부터 채우듯
은혜는 낮아진 자리부터 채운다.

낮아진 자리에
높고 높은 하나님나라가 있다.

쉬지 않고
기도했던 이야기

고등학교 시절
축도 후에 짧은 개인기도를 하고
"예수님 이름으로 기도합니다, 아멘"을 안 했다.

기도를 멈추지 않기 위해서.

그랬더니 한 주간의 모든 순간이 기도였다.
기도 중이라 욕도 할 수 없었고,
악한 생각도, 죄를 지을 수도 없었다.
늘 하나님과 동행할 수 있었다.

그렇게 한 주가 지나서
교회에 도착해 그제서야
"예수님 이름으로 기도합니다, 아멘"으로
168시간의 기도를 마무리했다.

삶의 예배는
집에서 온라인 예배드리는 것이 아니다.

삶의 일상이 거룩해지는 것이다.
그래서 하나님과 늘 동행해야 한다.

하나님은 교회에만 계시지 않는다.
우리와 어디서나 함께하신다.
그곳에서 우리에게 발견되길 원하신다.

어린 시절 풋풋한 발상이지만
끝내지 않는 기도를 통해서
가장 크게 깨달은 것은
하나님과의 끊임없는 동행은
감시가 아니라 감사라는 것이다.

하나님과 계속되는 연결을 통해
부어지는 순간순간의 돌보심으로
모든 때가 감사였고 감격이었다.

기도를 드리고 은혜를 받는 것.
이 거룩한 순환이 우리를 자라게 한다.

이것이 진정한
하나님과의 '온라인'이다.

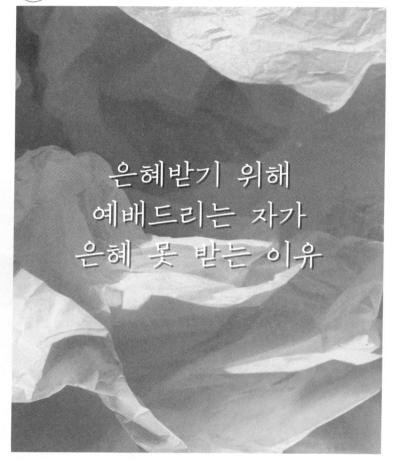

은혜받기 위해
예배드리는 자가
은혜 못 받는 이유

예배는 은혜받기 위해
드리는 것이 아니다.
예배는 하나님을 높이기 위해
드리는 것이다.

은혜받는 예배의 조건이 많다.
나에게 딱 맞는 말씀,
가장 좋아하는 찬양,
마음의 위로, 꽉 찬 예배실.

하지만 예배 성공의 조건은
단 한 가지다.

'하나님 높이기'

창조주 하나님,
구원자 하나님,
아버지 하나님,

왕이신 하나님,
주권자 하나님 앞에

하나님의 피조물로,
하나님의 자녀로,
하나님의 백성으로,
하나님의 소유된 자로
나아가는 것이다.

예배는
컵이 주전자의 물을 받아 내려고
주전자 아래에 놓여 있는 것과 같다.

나는 낮아지고
하나님을 높여 드릴 때
은혜가 채워진다.

예배는 낮아진 하나님과
그를 높이는 성도의 만남이다.

그래서 겸손한 사람은
언제나 예배를 성공시킨다.

기도가 응답되지
않는 이유

믿음에서 가장 중요한 것은
하나님과의 관계 설정이다.

하나님은 나의
아버지, 창조주, 구원자, 전부이고
나는 하나님의 자녀,
피조물, 구원받은 자, 소유라고
점점 선명하게 관계를
설정하는 것이 믿음의 여정이다.

기도를 시작하면
나의 문제와 어려움, 감사와 회개 등의
기도 제목을 올리기에 바쁘지만
내가 어떤 하나님께 기도하는지,
하나님이 나에게 어떤 분인지 고백하며
가장 먼저 관계 설정을 해야 한다.

'무엇을 위해 기도하는가'보다
'누구에게 기도하는가'가 중요하다.

예수님의 기도는
"하늘에 계신 우리 아버지"(마 6:9),
다윗의 기도는
"여호와는 나의 목자시니"(시 23:1),
모세의 기도는
"여호와는 나의 구원이시로다"(출 15:2).

고백으로 시작된다.

창조주 하나님이라는 고백은
나를 새롭게 거듭나게 할 것이고,
구원자 하나님이라는 고백은
깊은 수렁에서 나를 건질 것이고,

아버지 하나님이라는 고백은
모든 은혜와 사랑을 유산으로 줄 것이고,
자비하신 하나님이라는 고백은
우리의 죄를 용서받게 할 것이고,
목자 되신 하나님이라는 고백은
나의 앞길을 인도할 것이다.

기도의 응답은
기도대로 되는 것이 아니다.

기도의 응답은
고백대로 된다.

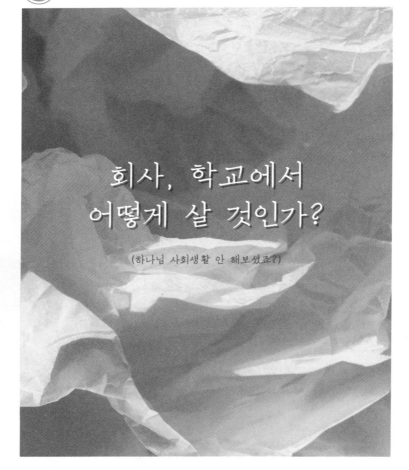

회사, 학교에서
어떻게 살 것인가?

(하나님 사회생활 안 해보셨죠?)

우리는 평생 정체성에 대해 고민한다.
어린이에서 어른으로 자아를 만들어가는
사춘기 때 이 고민은 시작된다.

어른이 되면
어떤 사회인이 되어야 하는지,
어떤 부부가 되어야 하는지,
어떤 부모가 되어야 하는지,
은퇴하고 자녀가 다 크고
부모의 역할이 덜어지면
이제 난 누군지, 어떤 노년을 보내야 하는지,
정체성에 관한 고민을 하게 된다.

어떻게 이 고민을 끝낼 수 있을까?
유재석은 '유산슬'이라고 부캐로 살았다.
만약 본캐로 돌아가지 않고
평생 유산슬로 산다면 얼마나 혼란스러울까?

우리는 부캐를 본캐로 착각한다.
누구의 자녀, 누구의 부모, 학생, 직장인을
본캐로 여기면서 그 역할에서
성공하지 못하면 존재감의 무너짐을 느낀다.

하지만 우리의 진짜 본캐는
하나님의 자녀다.

단독 목회를 할 때, 목회비를 위해
비정규직 직장 생활을 했었다.
사역자로만 살다가 처음 겪는 사회생활은
수없이 했던 알바와 차원이 달랐다.

한 번도 해본 적 없는 일을 해야 했고
참 어설펐다. 올리는 결재마다 반려를 받았다.

주말에는 담임목사, 주중에는 말단 직원.
'난 누구인가?'라는 물음이 끝나지 않았다.

하지만 답을 찾았다.
난 목사도 아니고 직장인도 아니었다.

난 하나님의 자녀였다.
사랑받고 보호받는 창조주의 자녀였다.

그때부터 어떤 일을 당하든 평안했다.
이런 일이라도 하게 하신 하나님께
늘 감사하며 늘 하나님을 대면했다.

본캐가 살아나니 부캐가 살아났다.
직장에서 하나님의 도우심으로
나로서는 결코 할 수 없었을
좋은 결과를 낼 수 있었다.

모두가 골리앗을 두려워했다.
이스라엘 군사라는 부캐로 섰기 때문이다.
하지만 다윗은 하나님의 자녀로 골리앗 앞에 섰다.

이스라엘 군대의 하나님의
이름으로 네게 나아가노라 삼상 17:45

승리하게 하시는 만군의
여호와의 자녀로 나아갔다.
그리고 골리앗을 쓰러뜨렸다.
나중엔 왕이라는 부캐의 역할도 잘했다.

하나님은 우리의 직장에도,
학교에도, 가정에도 주인 되신다.
그럼, 거기에서도 하나님의 자녀라는
정체성으로 살아야 한다.

그곳을 하나님께 감사하며 찬양하는
예배의 자리로 만들어야 한다.

기도해도 마음이
평안해지지 않는다면

계속 기도하라는 신호다.

두렵게 하시니
감사합니다

산적한 일들과 어려운 만남과
막혀 있는 문제 때문에
두렵게 하시니 감사합니다.

자신 없는 자신을 느끼고
부족하게 준비된 중요한 일을 앞두고
두렵게 하시니 감사합니다.

두려움 때문에
주님을 찾게 되었습니다.

두려움 때문에
주님만 의지하게 되었습니다.

그래서
제가 할 수 있는 일 중에
가장 귀한 것을 하게 되었습니다.

힘들 때 기도하는 자가
일류다

이런 말이 있다.

힘들 때 우는 자는 삼류다.

힘들 때 참는 자는 이류다.

힘들 때 웃는 자는 일류다.

하지만 힘들 때 기도하는 자가 일류다.

힘들 때 울어도 되고, 참아도 되고,

웃어도 된다. 무엇을 해도 괜찮다.

무엇을 하든 하나님께 기도하면

울음도 열매가 된다.

참음도 열매가 되고,

웃음도 열매가 될 것이다.

우리의 모든 행위는 씨를 뿌리는 것과 같다.

고난, 평안, 실패, 감사, 사랑, 이별,

성공, 쉼, 끝, 특별함, 평범함, 흔들림.

하지만 그 안에 생명력을 부여해서
하나님의 뜻이라는
열매를 맺게 하는 것은 기도뿐이다.

기도는 울며 뿌린 씨앗도
기쁨으로 거두는 열매가 되게 한다.

힘들 때 모든 것을
기도로 맡기는 일류가 되자.

자신이라는
신

요즘 내가 가장 많이 하는 말.
'사람은 안 변한다.'

기계는 스스로를 못 고치듯
사람은 사람을 못 바꾼다.
하지만 이 말 뒤에 항상 붙이는 말이 있다.

'하나님 만나면 변한다.'

기계를 만든 사람이 기계를 고치듯
우리를 만든 하나님만이 우리를 변화시킨다.

그런데 요즘 이 말에 엄청난 의심이 생겼다.
하나님을 만났다고 하면서 안 변한 사람이 너무 많다.

가장 대표적인 사람이 바로 나다.
여전히 죄 많고, 여전히 나약하고,
여전히 분노하고, 여전히 말씀과 멀다.

그리고 우리 모두가 그렇다.

하나님을 만난 증거는
확실한 느낌이 아니라 변화다.

왜 하나님을 만나도 그대로일까?
하나님을 그때는 만났지만
지금은 안 만났기 때문이다.

송곳을 세우려면 계속 잡고 있어야 하듯
하나님께 계속 붙들려 있어야 한다.

그런데 하나님이 계셔야 하는 자리에
아무것도 모르고 아무 능력도 없는
자신이라는 신이 하나님을 떠나보내고
주인 노릇, 왕 노릇, 신 노릇 하고 있다.
하나님을 대신하는 것들이 많다.
하나님 말씀 대신 세상의 가치들,

하나님의 은혜 대신 죄와 유혹들,
하나님 대신 자신이라는 신이
하나님이 있어야 할 자리를 차지하고 있다.

하나님의 임재는 신이 바뀌는 과정이다.
주인이 바뀌고 왕이 바뀌는 과정이다.
그 과정에서 우리는 얼마큼 와 있을까?
하나님을 대신할 수 있는 것은 전혀 없다.

오직 하나님만이 우리의 창조주,
우리의 구원자, 우리의 선한 목자가 되신다.
이제, 그만.
하나님 계셔야 할 자리에서
내려와야 한다.

자신은
신이 아니다.

페이지 처치 1 구겨진 종이에도 최고의 이야기를 쓰시는 하나님

초판 1쇄 발행　　2021년 1월 11일
초판 15쇄 발행　　2025년 1월 14일

지은이　　　　신재웅

펴낸이　　　　여진구
책임편집　　　안수경
편집　　　　　이영주 박소영 최현수 구주은 김도연 김아진 정아혜
책임디자인　　마영애 노지현 | 조은혜 정은혜
홍보 · 외서　　진효지
마케팅　　　　김상순 강성민　　　　　　　마케팅지원　최영배 정나영
제작　　　　　조영석 허병용　　　　　　　경영지원　　김혜경 김경희

303비전성경암송학교 유니게 과정
이슬비전도학교 / 303비전성경암송학교 / 303비전꿈나무장학회

펴낸곳　　　　규장

주소　06770 서울시 서초구 매헌로 16길 20(양재2동) 규장선교센터
전화　02)578-0003　　팩스　02)578-7332
이메일　kyujang0691@gmail.com　　　홈페이지　www.kyujang.com
페이스북　facebook.com/kyujangbook　　인스타그램　instagram.com/kyujang_com
카카오스토리　story.kakao.com/kyujangbook
등록일　1978.8.14. 제1-22

ⓒ 저자와의 협약 아래 인지는 생략되었습니다.
이 출판물은 저작권법에 의해 보호를 받는 저작물이므로 무단 전재와 무단 복제를 할 수 없습니다.

책값　뒤표지에 있습니다.
ISBN　979-11-6504-174-8　03230

규 | 장 | 수 | 칙

1. 기도로 기획하고 기도로 제작한다.
2. 오직 그리스도의 성품을 사모하는 독자가 원하고 필요로 하는 책만을 출판한다.
3. 한 활자 한 문장에 온 정성을 쏟는다.
4. 성실과 정확을 생명으로 삼고 일한다.
5. 긍정적이며 적극적인 신앙과 신행일치에의 안내자의 사명을 다한다.
6. 충고와 조언을 항상 감사로 경청한다.
7. 지상목표는 문서선교에 있다.